AF192985

...Títulos relacionados

Limpieza, tratamiento y mantenimiento de suelos, paredes y techos en edificios y locales
MF0972_1

Laura Martell Siles

Maquetación: Diseño & Control Gráfico

Impresión: Liberdigital (Casarrubuelos, Madrid)
ISBN: 978-84-283-7251-0
Depósito legal: M-11723-2025

Impreso en España

Laura Martell Siles comienza a trabajar en el sector de los recursos humanos desde muy joven, aunque su verdadera vocación siempre había sido ayudar a los demás. Por este motivo realiza la diplomatura de Trabajo Social, obteniendo el premio extraordinario de fin de carrera de su promoción. Al poco tiempo comienza a desempeñar su labor como trabajadora social en una conocida entidad de acción social, mientras continúa formándose como mediadora familiar, otra de sus grandes pasiones. En la actualidad, compagina su trabajo de mediadora con la redacción de manuales para cursos de certificados de profesionalidad.

Índice

Introducción normativa

La Ley Orgánica 3/2022, de 31 de marzo, de ordenación e integración de la Formación Profesional, contiene una disposición derogatoria única que afecta a la regulación de los certificados de profesionalidad, ahora denominados **Certificados Profesionales**. La referida normativa deroga la Ley Orgánica 5/2002, de 19 de junio, de las Cualificaciones y de la Formación Profesional, y abre un escenario de cambios que se irá implementando progresivamente.

La Ley Orgánica 3/2022, de 31 de marzo, de ordenación e integración de la Formación Profesional implica que toda la formación es acumulable. La oferta formativa se estructura de forma escalonada, siendo los Certificados Profesionales un nivel intermedio (Grado C) de una escala que va desde el Grado A hasta el E.

En los artículos 35 a 38 de la Ley 3/2022 se describe en qué consisten estos Certificados Profesionales: su oferta, formación asociada, estructura, duración, acceso, titulación y validez. Posteriormente, esta normativa se completa con lo dispuesto en el Real Decreto 659/2023, de 18 de julio, que desarrolla la ordenación del sistema de Formación Profesional. Concretamente en los artículos 67 a 81 es donde se hace referencia a la oferta formativa de Grado C, correspondiente a los Certificados Profesionales.

Están agrupados en 26 familias profesionales con características comunes del sector. En la actualidad hay más de medio millar de Certificados Profesionales incluidos en el Repertorio Nacional. Esta cifra no deja de crecer. Además, cada certificado está específicamente regulado por un real decreto.

Un Certificado Profesional corresponde al Grado C de la oferta del Sistema de Formación Profesional. Es un documento oficial, con validez en todo el territorio nacional y debe constar en el Catálogo Nacional de Ofertas de Formación Profesional, que certifica la capacitación para el desarrollo de una actividad profesional.

Debe detallar los módulos profesionales superados y los estándares de competencia profesional asociados a él e incluidos en el **Catálogo Nacional de Estándares de Competencias Profesionales**, así como su correspondencia con el Marco Español de Cualificaciones.

Despliegan su validez en un doble ámbito, laboral y académico:

- En el contexto laboral tienen validez profesional, porque acreditan las competencias en una determinada profesión. Para poder trabajar en algunas profesiones, se exigen determinadas cualificaciones, y los certificados sirven para acreditarlas.

- Asimismo, tienen validez académica, puesto que permiten continuar un itinerario formativo siempre que se cumplan los requisitos de acceso para cursar la titulación deseada. De tal modo que, los Certificados Profesionales que sean parte de un Grado D permitirán la matrícula modular para completar los módulos establecidos en el currículo y obtener el correspondiente título de técnico básico, técnico o técnico superior con validez en todo el territorio nacional.

Para obtener un Certificado Profesional (Grado C) es preciso cumplir con los requisitos de acceso para realizar la formación.

Estructura de los Certificados Profesionales

I. Identificación: denominación, familia y área profesional a la que pertenecen; nivel de cualificación profesional (1, 2 o 3); cualificación profesional de referencia; entorno profesional y módulos formativos que esté previsto cursar junto con la duración de cada uno de ellos.

II. Perfil profesional: incluye las competencias profesionales requeridas en el mercado laboral. En todas ellas se concretan las realizaciones profesionales y los criterios de realización.

III. Formación: describe los módulos formativos que esté previsto cursar para adquirir las competencias requeridas. En cada uno de ellos se indican las capacidades que se pretenden alcanzar y la duración del módulo de prácticas no laborales —PNL—, para el que cabe solicitar exención si se cumplen determinados requisitos.

IV. Prescripciones de las personas formadoras.

V. Requisitos mínimos de espacios, instalaciones y equipamiento.

Los Certificados Profesionales se identifican con una denominación concreta y un código alfanumérico propio, y sirven para acreditar una determinada cualificación profesional. Cada certificado está asociado a una relación de unidades de competencia que, a su vez, se vinculan con una serie de módulos formativos específicos. Algunos módulos están integrados por unidades formativas y tanto unos como otras son, en ocasiones, transversales, lo que significa que se trata de contenidos incluidos en más de un Certificado Profesional.

Los Certificados Profesionales se articulan en tres niveles de competencia profesional (1, 2 y 3) conforme a lo dispuesto en el que será el Catálogo Nacional de Estándares de Competencias Profesionales, anteriormente Catálogo Nacional de Cualificaciones Profesionales (CNCP), según los criterios establecidos de conocimientos, iniciativa, autonomía y complejidad de las tareas, en cada una de las ofertas de Formación Profesional.

La oferta formativa dirigida a la obtención de los Certificados Profesionales tiene carácter modular para favorecer la acreditación parcial acumulable de la formación recibida y posibilitar así el avance en el itinerario de Formación Profesional para cualquiera que sea la situación laboral de cada persona en cada momento.

En definitiva, el Grado C constituye la oferta, parcial y acumulable, del sistema de Formación Profesional, de varios módulos profesionales del catálogo modular de Formación Profesional por razón de su significado en el mercado laboral y conducente a la obtención de un Certificado Profesional.

Las ofertas de Grado C de Formación Profesional tendrán por objeto módulos profesionales incluidos previamente en el catálogo modular de formación profesional y asociados al Catálogo Nacional de Estándares de Competencias Profesionales.

Finalidad de los Certificados Profesionales

- Contribuir a la ordenación de un Sistema de Formación Profesional al servicio de un régimen de formación y acompañamiento profesionales que sea capaz de responder con flexibilidad a los intereses, expectativas y aspiraciones de cualificación profesional de las personas a lo largo de su vida.

- Combinar escuela y empresa situando a la persona en el centro del sistema.

- Facilitar el aprendizaje permanente de toda la ciudadanía mediante una formación abierta, flexible y accesible, estructurada de forma modular, a través de la oferta formativa asociada al certificado.

- Acreditar las cualificaciones profesionales o las unidades de competencia recogidas en estas, independientemente de su vía de adquisición, bien sea a través de la vía formativa, o mediante la experiencia laboral o vías no formales de formación.

- Favorecer, tanto en el ámbito nacional como europeo, la transparencia del mercado de trabajo.

- Contribuir a la calidad de la oferta de Formación Profesional.

Este libro

El presente libro desarrolla el módulo formativo denominado «Limpieza, tratamiento y mantenimiento de suelos, paredes y techos en edificios y locales», MF0972_1.

Dicho módulo formativo está asociado a la Unidad de Competencia UC0972_1, perteneciente a la Cualificación Profesional de referencia SSC319_1, de nivel 1, incluida en el Certificado Profesional denominado «Limpieza de superficies y mobiliario en edificios y locales», dentro de la familia profesional: Servicios Socioculturales y a la Comunidad.

Según el Real Decreto 1378/2009, de 28 de agosto, los contenidos que en esta obra se recogen se corresponden con una duración de 30 horas.

Tanto la estructura como el desarrollo del libro se ajustan al citado real decreto y más concretamente a los contenidos de la Unidad Formativa que le da título «Limpieza, tratamiento y mantenimiento de suelos, paredes y techos en edificios y locales», MF0972_1.

Contenido

1. Técnicas de limpieza básicas

- Conceptos:
  - Limpieza.
  - Suciedad.
  - Desinfección.
  - Tipos de residuos y basuras en los procesos de limpieza.
- Procesos de limpieza adecuados a cada material:
  - Materiales duros.
  - Materiales blandos.
- Inconvenientes de una mala selección.
- Aplicación de productos de limpieza y desinfección:
  - Tipos de productos:
    · Limpiadores: disolventes, jabones, detergentes, champús, captapolvos, desincrustantes, desengrasantes, amoniaco, desinfectantes específicos y en general, desinfectantes de WC, lejía.
    · Abrillantadores: decapantes, cristalizadores, selladores.
    · Productos específicos: limpiacristales, limpiametales.

- Aplicación de productos según criterios:
  - Dosificación. Manejo de los diferentes dosificadores.
  - Formas de actuación ante posibles casos de toxicidad.
  - Riesgos para la salud.
- Interpretación del etiquetaje:
  - Diferentes indicaciones presentes en los envases de productos de limpieza y desinfección.

2. **Desarrollo de los procesos de limpieza**

- Secuenciación de actividades de limpieza adaptados a cada técnica: barrido, barrido húmedo. Aspirado. Fregado. Desempolvado.
- Acondicionamiento de los espacios de trabajo:
  - Preparación del entorno y mantenimiento del orden.
  - Desarrollo de las tareas de limpieza con personas en su puesto de trabajo o en las inmediaciones (personas en tránsito).
- Técnicas de verificación de las tareas de limpieza.
- Seguimiento del plan de trabajo:
  - Interpretación y ejecución de las instrucciones recibidas.
  - Conocimiento de los procedimientos y normas del centro de trabajo.
- Manejo y conservación de los útiles de limpieza:
  - Identificación: para suelos, paredes, techos.
  - Aplicación de los diferentes útiles de limpieza.
  - Procesos de conservación de los mismos.
  - Utilización de electrodomésticos: aspiradoras de fácil manejo.

3. **Gestión y tratamiento de residuos**

- Tipos de residuos: urbanos, industriales, hospitalarios, agrícolas, ganaderos, forestales y mineros.
- Tratamiento de los mismos: reciclado, reutilización, valoración y eliminación:
  - Procesos de separación, manipulación y almacenamiento de residuos.

4. **Aplicación y seguimiento de medidas de prevención de riesgos laborales**

- Identificación de los riesgos.
- Derivados de las actividades propias de limpieza.
- Relacionados con el centro de trabajo.
- Identificación y uso de los equipos de protección individual.

■ Nota del Editor

En Ediciones Paraninfo estamos comprometidos con la calidad de la formación e intentamos que nuestros materiales respondan fielmente y con rigor a las necesidades de todos cuantos confían en nuestro sello editorial.

Tratamos de dar respuesta a los currículos de las unidades formativas y de los módulos que integran los distintos Certificados Profesionales, equilibrando la parte teórica con la práctica para que los procesos de aprendizaje se conviertan en experiencias gratificantes, tanto para docentes como para las personas inmersas en los procesos formativos.

Nuestros objetivos son contribuir de forma decisiva a afianzar aprendizajes, ayudar a adquirir destrezas que tengan significado para el empleo y conseguir potenciar el desarrollo personal.

Para lograrlo contamos con excelentes autores, expertos en las materias que abordan, en la mayoría de los casos docentes de dichas especialidades con dilatada experiencia tanto profesional como académica, porque buscamos perfiles familiarizados con los contextos laborales concretos a los que se refieren nuestros manuales.

Confiamos en poder serte de ayuda y esperamos tus impresiones acerca de nuestro trabajo. Sean positivas o negativas, serán muy bien recibidas y, sin duda, nos ayudarán a seguir mejorando y trabajando con ilusión para continuar siendo un referente en formación para el empleo.

Agradecemos tu confianza en nuestros manuales. Todo nuestro equipo queda a tu total disposición. Puedes contactar con nosotros en esta dirección de correo electrónico:

info@paraninfo.es

1. Técnicas de limpieza básicas

Contenido

En este capítulo vamos a aprender a:

- Reconocer las distintas técnicas básicas de limpieza para aplicarlas correctamente en los distintos contextos y sobre las diferentes superficies.

- Conocer los productos existentes en el mercado para realizar la limpieza de superficies correctamente.

- Identificar cuáles son los productos de limpieza que hay que utilizar en función de la superficie que se debe limpiar y evitar los inconvenientes de una mala selección

- Interpretar las etiquetas de los productos de limpieza para llevar a cabo una correcta dosificación de los mismos y evitar los posibles riesgos para la salud derivados de su uso.

La limpieza, en la actualidad, se ha convertido en un aspecto fundamental en todos los entornos. Más importante si cabe es la limpieza e higiene de los edificios y locales, tanto de uso público como privado.

A día de hoy, son muchas las empresas que se dedican a la limpieza de las instalaciones de edificios y locales con el objetivo de mantener en un estado óptimo las dependencias de los mismos. Para ello es necesaria la profesionalización del personal responsable de estas actividades, siendo imprescindible la adquisición de los conocimientos necesarios para llevar a cabo este trabajo de forma eficaz.

1.1. Conceptos

Antes de entrar en materia, se presenta como necesaria la identificación de distintos conceptos sin los cuales sería imposible sustentar los conocimientos sobre una base sólida. Son los siguientes: limpieza, suciedad, desinfección y tipos de residuos y basuras.

1.1.1. Limpieza

La limpieza se puede definir como el conjunto de actividades conducentes a la eliminación de la suciedad. Se puede aplicar tanto a los domicilios particulares como a los edificios y locales públicos y privados, y se refiere a todas las dependencias.

La limpieza va a depender de la frecuencia, la calidad y los productos utilizados. En cuanto a la frecuencia, se deberá llevar a cabo tantas veces como sean necesarias para evitar la aparición de suciedad. Con respecto a la calidad, se debe tener en cuenta que los estándares de calidad deben ser los adecuados, al igual que ocurre con los productos de limpieza, sin los cuales la realización de la limpieza sería imposible.

1.1.2. Suciedad

Podríamos definir la suciedad como el conjunto de sustancias que contiene microorganismos que contaminan los espacios. En muchos casos, la suciedad es perjudicial para la salud de los humanos.

Se puede hacer una clasificación del tipo de suciedad: las de origen sólido y las de origen líquido. Con respecto a la primera, podríamos considerar el polvo, la tierra, etc., mientras que en relación con la segunda estarían incluidos los líquidos grasos, sangre, restos de líquidos alimenticios, etc. En función del origen de la suciedad cambiará la forma de eliminarla.

1.1.3. Desinfección

Higiene: según la Real Academia Española, en su segunda acepción, la palabra *higiene* se define como «limpieza o aseo». En su primera acepción, nos encontramos la relación directa entre higiene y salud, siendo definida como «parte de la medicina que tiene por objeto la conservación de la salud y la prevención de enfermedades».

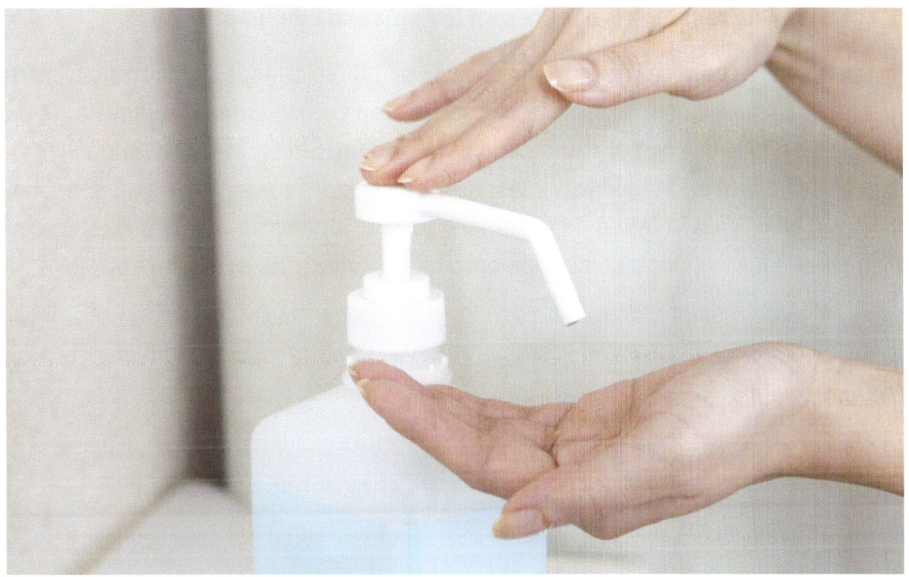

Por último, encontramos la diferenciación entre pública y privada, relacionando la higiene pública como un asunto en el que interviene el Estado, desarrollando reglas preventivas, y la higiene privada, como la que depende de la aplicación de cada individuo. Ni que decir tiene que estaríamos en el último caso.

El término *higiene* tiene obviamente distintos alcances ya que la necesidad de la misma es diferente si nos referimos a un hospital, a una oficina, que si hablamos de nuestro propio hogar. Aunque el objetivo sería el mismo, los procedimientos, útiles y productos serían distintos.

El término *desinfección* está en estrecha relación con el concepto de higiene y va más allá de los aspectos estéticos, teniendo mucho que ver con la eliminación de agentes patógenos que, de no ser suprimidos, podrían llegar a causar alguna enfermedad. Para llevar a cabo la desinfección, se necesitan productos químicos, ya que los virus, bacterias, etc., son eliminados, de forma general, a través de este tipo de productos. Sin embargo cuando nos referimos a la higiene no son productos imprescindibles.

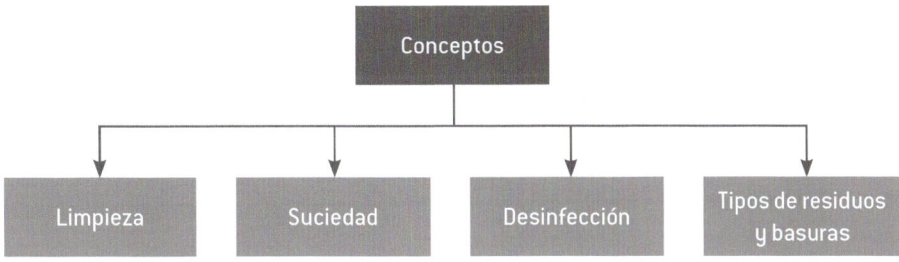

1.1.4. Tipos de residuos y basuras en los procesos de limpieza

Para comenzar este capítulo se hace imprescindible conocer la diferencia entre *residuo* y *basura*. Los residuos se pueden definir como el material resultante de un proceso, que puede ser reutilizado para otro fin. Sin embargo, cuando el residuo se convierte en algo inservible y deja de ser útil se transforma en desecho, es decir, en basura. A modo de resumen, podemos concluir que la diferencia radica en que los residuos se pueden aprovechar, mientras que la basura no.

SABÍAS QUE…

En nuestro país se producen una media de 2 kg de basura diaria por habitante, lo que supone una cantidad aproximada de 726 kg al año.

En función del lugar para el que esté destinado el edificio o local en el que se esté llevando a cabo la labor de limpieza, nos encontraremos con un tipo de residuo u otro.

Los tipos más habituales, utilizando el criterio de procedencia, serán los siguientes:

a) Residuos sólidos urbanos: se definen como aquellos que se producen en los núcleos urbanos y cuya procedencia son los domicilios, comercios, oficinas, etc. No están considerados como peligrosos aunque a las autoridades públicas les supone un gran problema debido a la gran cantidad que se genera cada año. La mayoría de estos residuos está constituido por la basura doméstica, compuesta por:

- Restos de materia orgánica que procede de la elaboración de comidas.

- Papel y cartón como las revistas, publicidad, cajas, etc.

- Plásticos como los envases de alimentos y bebidas, embalajes, bolsas, etc.

- Vidrio como las botellas, frascos de alimentos, etc.

b) Residuos industriales: son los generados por las actividades industriales. Pueden tener un origen muy variado, ya que dependerá de la actividad industrial. Por lo general son considerados como potencialmente peligrosos, estando muy controlados a través de diversas leyes por las autoridades públicas.

c) Residuos mineros: son los residuos que se generan por las actividades de las industrias extractivas. A su vez, las industrias extractivas son las que se dedican a la extracción de recursos minerales. Se pueden encontrar en estado sólido, líquido o en forma de pasta.

d) Residuos de construcción: son los generados por los derribos de edificios, construcción de planta, obras o reformas, etc., y se conocen habitualmente por *escombros*.

e) Residuos agropecuarios: son los residuos que provienen de las actividades que componen el sector primario económico, es decir, la agricultura, la ganadería, la pesca. La mayoría de estos residuos son orgánicos y casi todos son aprovechables.

f) Residuos radiactivos: son materiales que están contaminados con elementos químicos radiactivos. Pueden suponer un gran riesgo para el ser humano y el medio ambiente si no se gestionan convenientemente.

g) Residuos sanitarios y farmacológicos: los residuos sanitarios son los generados por la actividad sanitaria humana o animal, mientras que los farmacológicos son los referidos a los restos de medicamentos, incluidos los envases. Tanto para los primeros como para los segundos, existe una legislación que regula la forma de tratarlos, ya que pueden ser altamente contaminantes y perjudiciales tanto para el ser humano como para el medio ambiente.

h) Residuos forestales: son los referidos a los restos que se producen durante la poda y los restos de la limpieza de montañas y de las explotaciones forestales. Es importante retirarlos de los bosques por el gran riesgo de incendio que suponen. Suelen ser residuos reutilizables para otros fines.

1.2. Procesos de limpieza adecuados a cada material

La limpieza de cada superficie dependerá de las características de cada una de ellas. Cuando se inicia el proceso de limpieza de una superficie, se deben extremar las precauciones con respecto a los productos que se van a utilizar y los útiles elegidos, ya que de ellos dependerá el buen estado de la superficie objeto de limpieza, evitando así producirle un daño irreparable. A continuación veremos propuestas de cómo limpiar distintas superficies en función de su dureza.

1.2.1. Materiales duros

Cuando hablamos de materiales duros nos referimos a los que gozan de gran dureza y resistencia, tanto a los golpes y arañazos como al paso del tiempo. Por lo general suelen ser poco porosos, hecho que facilita su limpieza, aunque con el paso del tiempo pueden ir perdiendo esta propiedad.

Este grupo de materiales está compuesto por las piedras naturales, como el granito, el mármol, la pizarra, etc., y por los materiales artificiales como gres, terrazo, azulejos, cemento, asfalto, plaquetas, etc.

a) Mármol

El mármol es utilizado como material tanto para el pavimento como para el revestimiento de paredes. Es uno de los materiales más valorados, ya que suele aportar bastante belleza a las construcciones debido a la variedad de colores y la heterogeneidad que aportan las vetas, aún más teniendo en cuenta que es una piedra natural. De cara a la limpieza, ofrece distintas dificultades entre las que nos encontramos las siguientes: suelen absorber las manchas de grasa y de líquidos con color y son vulnerables al uso de productos alcalinos y ácidos.

Para una correcta limpieza de superficies de mármol, se propone lo siguiente: eliminar el polvo que se aloje en los suelos, fregándolo posteriormente o, en caso de revestimiento de paredes de mármol, se eliminarán las manchas con una mopa húmeda evitando en todo caso los productos alcalinos y ácidos.

Para un correcto mantenimiento de los suelos, se puede llevar a cabo el sellado del pavimento. Esta acción consiste en tapar la porosidad de las superficies para impedir que la suciedad impregne el mármol. También está recomendado el abrillantado con la finalidad de ofrecer brillo y mejorar el aspecto de suelo y paredes.

b) Granito

El granito es un material natural que está compuesto por feldespato, mica y cuarzo, lo que le ofrece una gran resistencia. Tanto es así que está reemplazando al mármol debido a su mayor durabilidad. Es utilizado principalmente como material para solerías y como encimera para cocinas.

El granito, al igual que el mármol, es un material poroso, por lo que es susceptible de ser penetrado por líquidos que puedan manchar las superficies. Para evitar que esto ocurra, el granito es tratado a través de un procedimiento de sellado de las porosidades. Con el tiempo, las cualidades del sellado se van perdiendo y es entonces cuando hay que extremar las precauciones para evitar manchas, volviendo a repetir el sellado. En el caso de manchas que no se puedan eliminar, será necesario el pulimentado del pavimento.

Para el mantenimiento diario, se recomienda evitar el uso de productos alcalinos y ácidos, que provocarán manchas y pérdida de brillo en la superficie, estando indicadas la utilización de productos con pH neutro. El resultado será mejor si se lleva a cabo un barrido inicial y posteriormente un fregado.

c) Pizarra

La pizarra es un material de origen natural compuesto de arcilla o ceniza volcánica, cuyas características principales son la resistencia y durabilidad. Al igual que los anteriores, son muy porosas, por lo que pueden absorber las manchas, siendo muy costoso eliminarlas con posterioridad.

En la actualidad, este material se está valorando mucho en la decoración, siendo la mayoría de sus usos el revestimiento interior y exterior de paredes.

Para el mantenimiento de las superficies elaboradas con este material, es necesaria la eliminación de la acumulación de polvo, haciendo especial hincapié en los revestimientos cuya colocación implica la existencia de superficies que no sean lisas. Con posterioridad, se eliminarán las manchas que pudieran existir de forma manual o utilizando una fregona, siendo lo más recomendable los productos que no sean alcalinos o ácidos.

1.2.2. Materiales blandos

Los materiales blandos están caracterizados, por lo general, por un elevado grado de porosidad, hecho que hace más complicada la limpieza ya que permite una mayor acumulación de suciedad. En este grupo de materiales se encuentran los de origen natural como la madera, el corcho, el parqué, etc., así como los artificiales: el linóleo, el PVC, la fibra sintética, etc.

SABÍAS QUE...

Las superficies que están elaboradas con materiales blandos son buenas aislantes acústicos y térmicos, siendo utilizadas para tal fin.

a) Madera

La madera y los derivados de esta se utilizan cada vez más en la fabricación, no solo de pavimentos, sino de puertas, ventanas, mobiliario, y revestimiento de paredes, etc.

La madera procede de los árboles, y posee unas características en cuanto a color, textura y dibujo que la hacen ser muy valorada como decoración.

Los pavimentos fabricados con madera son los parqués y las tarimas flotantes. Como recomendación para su limpieza, se propone el método que utilice menos agua, es decir, se puede llevar a cabo un barrido o un repaso con mopa, impregnada de producto especial para este tipo de suelos. De forma puntual se realizará el fregado, pero siempre teniendo en cuenta que la fregona debe estar solo ligeramente humedecida, con el fin de evitar que el pavimento se deteriore por el exceso de humedad.

Las superficies elaboradas con derivados de la madera, como los tableros, están fabricadas a partir de partículas de fibra y madera, unidas por un adhesivo para evitar que los componentes se separen. En la limpieza de este tipo de superficies se debe evitar también el uso de exceso de agua ya que, al igual que la madera, son fáciles de deteriorar por la humedad.

b) Linóleo

El linóleo es un tipo de suelo elaborado a partir de materiales de origen vegetal como son el aceite de linaza, el corcho y la resina.

Originalmente ha sido utilizado como revestimiento de suelos en instalaciones deportivas, pero, debido a su gran resistencia, se ha ido incorporando como pavimento en establecimientos, locales e incluso en los hogares.

Algunas de sus características son las siguientes: facilidad de limpieza; alto nivel de resistencia; sistema simple de montaje, ya que se coloca como revestimiento del pavimento ya instalado; bajo precio y gran variedad de colores.

Como medio para su limpieza, se aconseja un producto de pH neutro que, añadido al agua tibia del cubo de fregado, nos permitirá un acabado muy satisfactorio. Si con el paso del tiempo se observa pérdida de brillo, será necesario el uso de algún abrillantador o cera.

> SABÍAS QUE...
>
> El linóleo es un material que presenta una gran solidez y firmeza frente al fuego y las bacterias.

c) PVC

Los pavimentos de PVC están fabricados a partir de policloruro de vinilo (PVC). Es un material que está concebido para lugares sin demasiado tránsito, siendo más resistentes que los pavimentos de linóleo.

En los últimos años, este material se ha desarrollado espectacularmente gracias a que ha sido tratado con diferentes compuestos que han conseguido que se obtenga una mayor resistencia al fuego y a los agentes químicos, le han imprimido características antideslizantes y se ha mejorado el aspecto estético.

La instalación de estos revestimientos no supone ninguna dificultad ya que se pueden colocar sobre el pavimento existente.

Para su limpieza se recomienda el uso de un producto de pH neutro mezclado en el cubo de fregar con agua tibia. Previo al fregado se recomienda la retirada del polvo y restos, a través del barrido.

d) Fibra sintética

La fibra sintética se añade a los preparados de las losas y su propósito es el aumento de la resistencia, consiguiéndose también los siguientes objetivos:

- Reducción de la formación de grietas.
- Mayor resistencia a la abrasión.
- Aumento de la impermeabilidad.

En cuanto a la limpieza del pavimento con fibra sintética, no necesita ninguna precaución especial más allá de la que necesite el pavimento al que se le haya añadido.

e) El cartón yeso, tabla yeso o PYL (placa de yeso laminado), también conocido por los nombres comerciales de Pladur y otros, es un material de construcción utilizado para la ejecución de paredes interiores y revestimientos de techos y paredes.

Si está instalado correctamente, sirve de barrera contra el fuego.

Aunque existen placas especiales para instalar en zonas húmedas, como pueden ser los aseos o las cocinas, en general no son muy resistentes a la humedad, lo que condicionará la limpieza de dichas superficies.

1.3. Inconvenientes de una mala selección

Cuando utilizamos un producto inadecuado para la superficie que estamos limpiando, las consecuencias pueden ser muy variadas.

Entre ellas, el principal efecto puede ser que la superficie que sufre las consecuencias pierda propiedades o queden alteradas. De ahí la importancia de hacer una correcta elección del producto que se va a utilizar.

Estas alteraciones pueden ocurrir justo en el momento de realizar la limpieza o puede suceder un deterioro paulatino. Las principales alteraciones a las que nos referimos son las siguientes:

- **Rotura del material**: los productos abrasivos utilizados sobre superficies para las que no están ideadas pueden romperlas dejándolas rugosas y sin brillo. Un ejemplo claro de ello puede ser el agua fuerte utilizada sobre mármol o granito.

- **Modificaciones en el color de la superficie**: puede suceder en la utilización de productos químicos vertidos sobre superficies de plásticos. El efecto en el uso reiterado supone una modificación del color.

- **Pérdida de brillo de la superficie**: aunque la pérdida de brillo de superficies, tales como mármol o granito son inevitables, pueden retardarse con el uso de productos especiales para superficies delicadas, utilizando algún tipo de ceras de vez en cuando.

1.4. Aplicación de productos de limpieza y desinfección

En la actualidad, existe en el mercado un elevado número de productos utilizados para la limpieza y desinfección. A continuación hablaremos de los distintos tipos de productos.

1.4.1. Tipos de productos

Limpiadores:

Los **disolventes** son compuestos químicos que se utilizan para eliminar productos adheridos, como la pintura. En ocasiones, una vez que se ha llevado a cabo la pintura de una estancia, quedan restos de manchas que se pueden eliminar fácilmente utilizando un producto disolvente.

El uso de **jabones** de origen vegetal está en la actualidad tomando importancia debido al desarrollo de la limpieza ecológica y respetuosa con el medio ambiente. Hay una tendencia que conduce a evitar el uso de productos químicos que pueden perjudicar también a las personas, a través de reacciones alérgicas.

Los **detergentes** son productos de limpieza cuyo objetivo es separar la suciedad del tejido sobre el que está, para posteriormente ser disuelta. Están compuestos principalmente por agentes tensoactivos y se usan en el lavado de ropa y de superficies textiles.

Los **champús** son productos de limpieza cuya principal característica es que generan espuma. Se fabrican a partir de emulsionantes y desengrasantes y están indicados en la eliminación de suciedades tales como grasa, restos de alimentos, aceites y lodos. Algunos ejemplos son los champús para alfombras y tapizados o los lavavajillas.

Los **captapolvos** son productos de limpieza destinados a captar el polvo de la superficie sobre la que se lleva a cabo la limpieza. Se suelen utilizar impregnados en las mopas y son muy útiles sobre materiales como el granito, el mármol, el parqué, etc.

Aunque los **desincrustantes** no son productos de limpieza como tal, son productos que también se utilizan en la labores de limpieza en edificios y locales. Suelen estar formados por ácidos muy fuertes, siendo el más común el ácido muriático. Los desincrustantes son utilizados para eliminar los materiales adheridos a otros. Un ejemplo de su uso es la limpieza interna de las tuberías.

Los **desengrasantes** sirven para diluir, remover o degradar grasas y aceites. Son una composición de desengrasantes y detergentes, y se utilizan para eliminar la grasa en general. Son muy utilizados, sobre todo, en las cocinas de hoteles y restaurantes ya que son zonas donde abunda la grasa. Los hay también indicados para la eliminación de la grasa en textiles, que son utilizados como un prelavador de la ropa.

El **amoniaco** es un producto que se utiliza mucho en la limpieza y desinfección. Posee una gran capacidad para eliminar manchas difíciles de grasa, y sobre tejidos, como moquetas o alfombras, es muy efectivo para la eliminación de suciedad provocada por zumo y café. Es utilizado en la limpieza de baños y cocinas en superficies como los azulejos ya que aporta brillo.

Los **desinfectantes** tienen el objetivo de eliminar la suciedad y los microorganismos dejando las superficies libre de bacterias o virus. Algunos ejemplos son el cloro y los productos alcohólicos.

El uso de **desinfectantes de WC** está muy recomendado, ya que es una zona donde la presencia de bacterias y virus es más elevada. Para los profesionales de la limpieza, la desinfección de los aseos, debe ser uno de los principales objetivos. Existe en el mercado un gran número de productos que están destinados a ello.

El uso de la **lejía** está indicado sobre superficies que se quieren higienizar en profundidad y sobre las que se quiere blanquear. Se utiliza en los aseos por su gran capacidad desinfectante.

Abrillantadores:

Los **abrillantadores** son productos que se utilizan para dar brillo generalmente a madera o metal. Suelen estar compuestos de aceites o ácidos. Los que están concebidos para metal incorporan un inhibidor de corrosión, mientras que los usados sobre madera incluyen protectores de deterioro.

Los **decapantes** tiene la cualidad de eliminar capas antiguas de tratamiento y dejar las superficies preparadas para posteriores tratamientos.

Los **cristalizadores** aportan a las superficies un grado tal de brillo que el resultado final es muy similar al de un cristal. Al mismo tiempo sella los poros y limpia las manchas incrustadas.

Los **selladores** producen una capa que sella los poros de los pavimentos (generalmente son utilizados en suelos con gran porosidad como el hormigón, mármol, granito, etc.) alcanzando una terminación brillante y de fácil limpiado. Se evita así que las manchas queden impregnadas en las distintas superficies.

Productos específicos:

Los productos **limpiacristales** están especialmente indicados para la limpieza de superficies de cristal y vidrio. Son unos productos líquidos que se aplican directamente sobre el cristal y se frota a continuación con un paño que no contenga pelusas. El efecto es un cristal limpio de residuos y sin velos.

Los **limpiametales** se utilizan sobre todo tipo de superficies de metal como puertas, tiradores, barandillas, etc. Su objetivo es el de evitar la corrosión a la que está expuesta este tipo de material.

A continuación se ofrece, a modo de resumen, una tabla donde se recoge la composición de los distintos productos y para qué superficies están indicados:

PRODUCTOS	COMPOSICIÓN	INDICACIONES
DISOLVENTES	Origen natural o artificial.	Eliminación de manchas de pintura.
JABONES	Álcali y ácido graso.	Limpieza en general.
DETERGENTES	Tensoactivos.	Lavado de ropa y superficies textiles.
CHAMPÚS	Emulsionantes y desengrasantes.	Superficies textiles, vajillas, etc.
CAPTAPOLVOS	Disolvente, alcohol.	Limpieza de superficies en seco.
DESINCRUSTANTES	Ácido clorídrico, ácido muriático.	Eliminación de materiales adheridos a otros.
DESENGRASANTES	Tiene una formulación alcalina.	Espacios que estén muy expuestos a grasa, por ejemplo, alicatados de cocinas.
AMONIACO	Gas de amonio.	Gran capacidad en eliminar manchas difíciles. Funciona bien sobre tejidos.
DESINFECTANTES	Alcohol, cloro activo, bactericida, etc.	Uso sobre superficies que se quieran desinfectar.
DESINFECTANTES WC	Productos desincrustantes. Hipoclorito sódico. Tensoactivos.	Interior de los inodoros. Suelos y superficies que se quieran desinfectar.
LEJÍA	Hipoclorito sódico. Blanqueantes.	Superficies, objetos o textiles que se quieran desinfectar y/o blanquear.
LIMPIACRISTALES	Alcohol.	Superficies de cristal o vidrio.
LIMPIAMETALES	Disolventes, abrasivos y tensoactivos.	Superficies de metal que deban ser protegidas del óxido.
DECAPANTES	Diclorometano, ácidos.	Superficies que se quieren tratar nuevamente.

PRODUCTOS	COMPOSICIÓN	INDICACIONES
CRISTALIZADORES	Ácido fosfórico.	Superficies a las que se les quiere dar un aspecto acristalado.
SELLADORES	Silicona, poliuretano o ácido acrílico.	Superficies porosas que se quieren proteger frente a manchas.

1.4.2. Aplicación de productos según criterios

Dosificación. Manejo de los diferentes dosificadores

Con respecto a la dosificación de los productos que utilizaremos para la limpieza, subyacen dos aspectos importantes: la cantidad de producto que se va a utilizar en la actividad de limpieza y la forma en la que los productos serán aplicados.

Con relación al primer aspecto, la cantidad de producto que se va a utilizar en la limpieza de superficies en edificios y locales va a estar condicionada por distintas variables: suciedad, peligrosidad del producto y la superficie u objeto que limpiar.

Siempre existirá la duda de si se está utilizando la cantidad adecuada, ya que es, necesario armonizar tres principios o intereses: la necesidad de producto que tiene la superficie objeto de limpieza, la seguridad que se debe exigir para evitar riesgos en las personas que realizan la limpieza o en las que se encuentren en el entorno, y la protección del medio ambiente.

Como indicaciones generales nos remitimos a las recomendaciones que el fabricante haga sobre las cantidades que utilizar.

En relación con el segundo aspecto, la forma en la que los productos serán aplicados o dosificados, en general, muchos de los productos se pueden utilizar diluidos en agua o sin diluir, aplicando el producto directamente sobre la superficie u objeto que hay que limpiar. En la actualidad, existe una gran cantidad de dosificadores en el mercado que facilitan tanto el uso adecuado de las cantidades de productos y agua como una correcta aplicación de los productos en sí.

A continuación, se recogen los dosificadores más utilizados en las labores de limpieza, desde los más simples a los más complejos:

a) Hidrolimpiadoras

Las hidrolimpiadoras constituyen un conjunto de máquinas que dosifican eficazmente tanto los productos de limpieza como el agua utilizada. Se sirven de la alta presión para realizar una limpieza más eficaz y están indicadas para la limpieza de grandes superficies.

En el mercado se pueden encontrar para el uso de agua fría y de agua caliente. En el segundo caso, se observa un mayor poder de limpieza debido a la temperatura del agua unida a la presión de la misma.

b) Centrales de espuma

Las centrales de espuma están ideadas para aplicar un producto en forma de espuma en su dosificación correcta. Están dotadas de una bomba hidráulica que permite la aplicación de la espuma. En el mercado se pueden encontrar con carro para facilitar su transporte. Están indicadas en la limpieza de superficies de cocinas, industrias agroalimentarias, hospitales, etc.

Otra modalidad de las centrales de espumas son las que carecen de unidad de bombeo. En este caso están indicadas para superficies pequeñas y tienen un bajo consumo. Incluyen una manguera y lanza para desarrollar la limpieza con facilidad.

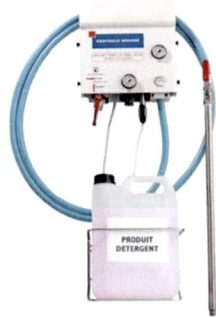

c) Equipos de rociado

Los equipos de rociado permiten dosificar los productos de limpieza y el agua sobre las superficies que hay que limpiar facilitando la desinfección. Es un medio de ahorro de agua y de productos.

d) Dosificadores industriales

Los dosificadores industriales están conectados a la red de suministro de agua y, a través de un sistema hidráulico, el producto de limpieza elegido sale mezclado con el agua en la proporción que se desee. Una de las ventajas de los dosificadores es la protección de las personas y del mobiliario frente a derrames inesperados de productos.

e) Dosificadores de papel y jabón

Las personas responsables de la limpieza de establecimientos y locales suelen ser también los encargados de reponer tanto el papel higiénico como el secamanos, así como el jabón que pueda ser necesario para lavarse las manos en los baños. Por ello, es importante hacer un uso correcto de ellos, ya que nos ayudarán a desempeñar nuestra labor con mayor eficacia.

En muchos casos, los dosificadores de papel, ya sea para secado de manos como el higiénico, suelen incorporar unos cierres para el que se necesita una llave, con la intención de evitar la sustracción de este tipo de material.

f) Dosificador de ambientadores

Los dosificadores de ambientadores en su mayoría suelen ser eléctricos. De esta manera, se garantiza la dosificación de forma controlada y cómoda y el ahorro de producto, suministrando solo la cantidad necesaria.

Formas de actuación ante posibles casos de toxicidad

El protocolo de actuación frente a cualquier caso de emergencia es el siguiente:

- Proteger: antes de actuar debemos tener la total seguridad de que tanto el accidentado como nosotros estamos fuera de peligro. En el caso de toxicidad por productos de limpieza, será necesario tener constancia de que estamos alejados del producto en cuestión de forma que no pueda continuar siendo perjudicial para nosotros.

- Avisar: siempre que sea posible avisaremos a los servicios sanitarios sobre la existencia del accidente y así pasamos a activar el plan de emergencia, para pasar a socorrer mientras esperamos la ayuda profesional. Será de gran ayuda informar sobre el producto que ha provocado la intoxicación y los efectos que ha tenido sobre el accidentado.

- Socorrer: una vez hemos protegido y avisado actuaremos sobre el accidentado reconociendo sus signos vitales.

PROTEGER   AVISAR   SOCORRER

Riesgos para la salud

En el trabajo de limpieza, es necesario el uso de una gran cantidad de productos que, no se puede obviar, son productos químicos en gran parte perjudiciales para la salud. Aunque en la actualidad está en auge la industria de productos de limpieza ecológicos, son aún muchos los que pueden suponer un riesgo para la salud de las personas que se dedican a esta profesión.

Estos productos pueden ser tóxicos, corrosivos, irritantes o inflamables, por tanto, los riesgos asociados al uso de estos productos son los siguientes:

- Contacto directo con productos: en una mala manipulación de los productos, se puede dar el contacto con los mismos y siendo estos irritantes o corrosivos pueden producir irritación o quemaduras en la piel o los ojos. Estos efectos pueden aparecer inmediatamente o en un espacio de tiempo más largo en cuyo caso podría provocar alergias, eczemas, etc.

- Inhalación de productos tóxicos por vía respiratoria: nos referimos a la inhalación de productos químicos que contaminan el ambiente de trabajo a través de los vapores o gases irritantes que desprenden. Los efectos pueden ser la intoxicación por inhalación.

- Incendio y explosión: estos riesgos se presentan en productos inflamables o combustibles manipulados cerca de focos de calor, así como pulverizadores, como, por ejemplo, espráis.

Los momentos donde se presenta más riesgo son los de trasvase de productos de unos envases a otros ya que, de no hacerse con la suficiente precaución, podemos facilitar el contacto directo, la inhalación y el riesgo de incendio.

A continuación se aporta una tabla con los productos más utilizados y los efectos que pueden ocasionar en el organismo humano:

PRODUCTOS	POSIBLES EFECTOS EN EL ORGANISMO
DISOLVENTES	La vía de intoxicación más frecuente es la inhalatoria, aunque también se puede producir por vía digestiva y cutánea. Puede producir síntomas como visión borrosa, alteraciones del lenguaje, dolor de cabeza, dolor abdominal, dolor torácico o broncoespasmo. Por otro lado, la mayor parte de los disolventes, en contacto con la piel, puede provocar dermatitis.
JABONES	Tienen efectos de baja toxicidad. Si son ingeridos, se pueden presentar náuseas, vómitos y diarrea en pocos minutos. Si se produce lesión por contacto ocular, este puede originar conjuntivitis leve.
DETERGENTES	Pueden aparecer lesiones respiratorias serias tras la ingestión e inhalación. Puede provocar daño esofágico. Tienen potencial para producir lesiones cáusticas. La exposición ocular puede producir irritación y abrasión corneal.
CÁUSTICOS Y CORROSIVOS	Forman parte de las intoxicaciones por sustancias más peligrosas.
BLANQUEANTES Y LEJÍAS	Produce daño esofágico en caso de ingestión.
AMONIACO	La inhalación es una vía importante de exposición. El olor del amoniaco y las propiedades irritantes pueden provocar una fatiga del olfato. Puede producir tos y dificultad respiratoria. La ingestión puede causar lesión corrosiva de la boca, garganta y estómago. El contacto con los ojos produce irritación.
LIMPIAMETALES	El ácido oxálico presente en limpiadores de metal puede producir lesiones corrosivas y más tarde daño renal e hipocalcemia.

1.4.3. Interpretación del etiquetaje: diferentes indicaciones presentes en los envases de productos de limpieza y desinfección

El etiquetaje de los productos es la primera información que recibe el consumidor sobre el producto que va a adquirir y los riesgos que conlleva su uso. Todos los recipientes que contengan un producto químico deben llevar obligatoriamente la etiqueta correspondiente que debe recoger los siguientes datos:

- Nombre de la sustancia o del preparado.

- Nombre, dirección y teléfono del fabricante o importador.

- Símbolos e indicaciones de peligro para destacar los riesgos principales.

A partir del 1 de junio de 2015, el Reglamento sobre clasificación, etiquetado y envasado (CLP) establece la forma de clasificar, etiquetar y envasar sustancias y mezclas químicas peligrosas conforme a una serie de símbolos y códigos universales que se recogen a continuación en la siguiente tabla:

PELIGROS FÍSICOS Y QUÍMICOS		
	Explosivo	**Clasificación**: explosivo inestable, explosivo, peligro de explosión en masa, explosivo, grave peligro de proyección, explosivo, peligro de incendio, de onda expansiva o de proyección. **Precaución**: mantener alejado de fuentes de calor, chispas, llama abierta o superficies calientes. No fumar. Llevar guantes, prendas, gafas, máscara de protección. Utilizar el equipo de protección individual obligatorio. Riesgo de explosión en caso de incendio.
	Inflamable	**Clasificación**: gas extremadamente inflamable, gas inflamable, aerosol extremadamente inflamable, aerosol inflamable, líquido y vapores muy inflamables, líquido y vapores inflamables, sólidos inflamables. **Precaución**: no pulverizar sobre una llama abierta u otra fuente de ignición. Mantener alejado de fuentes de calor, chispas, llama abierta o superficies calientes. No fumar. Mantener el recipiente cerrado herméticamente. Mantener en lugar fresco. Proteger de la luz del sol.
	Gas a presión	**Clasificación**: contiene gas a presión, peligro de explosión en caso de calentamiento. Contiene gas refrigerado, puede provocar quemaduras o lesiones criogénicas. **Precaución**: proteger de la luz del sol. Llevar guantes, gafas, máscara que aíslen del frío. Consultar a un médico inmediatamente.

PELIGROS FÍSICOS Y QUÍMICOS		
	Corrosivo	**Clasificación:** puede ser corrosivo para los metales. Provoca quemaduras graves en la piel y lesiones oculares graves. **Precaución:** no respirar el polvo, el humo, el gas, la niebla, los vapores, el aerosol. Lavarse concienzudamente tras la manipulación. Llevar guantes, prendas, gafas, máscara de protección. Guardar bajo llave. Conservar únicamente en el recipiente original.
	Comburente	**Clasificación:** puede provocar o agravar un incendio; comburente. Puede provocar un incendio o una explosión; muy comburente. **Precaución:** mantener alejado de fuentes de calor, chispas, llama abierta o superficies calientes. No fumar. Llevar guantes, prendas, gafas, máscara de protección. Aclarar inmediatamente con agua abundante las prendas y la piel contaminadas antes de quitarse la ropa.
PELIGROS PARA LA SALUD		
	Toxicidad aguda	**Clasificación:** mortal en caso de ingestión. Mortal en contacto con la piel. Mortal en caso de inhalación. Tóxico en caso de ingestión. Tóxico en contacto con la piel. Tóxico por inhalación. **Precaución:** lavarse concienzudamente tras la manipulación. No comer, beber ni fumar durante su utilización. En caso de ingestión, llamar inmediatamente a un centro de información toxicológica o a un médico. Enjuagarse la boca. Almacenar en un recipiente cerrado. Evitar el contacto con los ojos, la piel o la ropa. Llevar guantes, prendas, gafas, máscara de protección. En caso de contacto con la piel, lavar suavemente con agua y jabón abundantes. Quitarse inmediatamente las prendas contaminadas. Lavar las prendas contaminadas antes de volverlas a utilizar. No respirar el polvo, el humo, el gas, la niebla, los vapores, el aerosol. Utilizar únicamente en exteriores o en un lugar bien ventilado. Llevar equipo de protección respiratoria. En caso de inhalación, trasportar a la víctima al exterior y mantenerla en reposo en una posición confortable para respirar. Guardar bajo llave.

PELIGROS PARA LA SALUD		

	Peligros para la salud	**Clasificación:** puede irritar las vías respiratorias. Puede provocar somnolencia o vértigo. Puede provocar una reacción alérgica en la piel. Provoca irritación ocular grave. Provoca irritación cutánea. Nocivo en caso de ingestión. Nocivo en contacto con la piel. Nocivo en caso de inhalación. Nocivo para la salud pública y el medio ambiente por destruir el ozono estratosférico.
		Precaución: evitar respirar el polvo, el humo, el gas, la niebla, los vapores, el aerosol. Utilizar únicamente en exteriores o en un lugar bien ventilado. En caso de inhalación, transportar a la víctima al exterior y mantenerla en reposo en una posición confortable para respirar. En caso de ingestión, llamar a un centro de información toxicológica o a un médico en caso de malestar. Llevar guantes, prendas, gafas, máscara de protección. En caso de contacto con la piel, lavar con agua y jabón abundantes. En caso de contacto con los ojos, aclarar cuidadosamente con agua durante varios minutos. Quitar las lentes de contacto, si lleva y resulta fácil. Seguir aclarando. No comer, beber ni fumar durante su utilización.
	Peligro grave para la salud	**Clasificación:** puede irritar las vías respiratorias. Puede provocar somnolencia o vértigo. Puede provocar una reacción alérgica en la piel. Provoca irritación ocular grave. Provoca irritación cutánea. Nocivo en caso de ingestión. Nocivo en contacto con la piel. Nocivo en caso de inhalación. Nociva para la salud pública y el medio ambiente por destruir el ozono estratosférico.
		Precaución: ingestión y penetración en las vías respiratorias. Perjudica a determinados órganos. Puede perjudicar a determinados órganos. Puede perjudicar la fertilidad o al feto. Se sospecha que daña la fertilidad o al feto. Puede provocar cáncer. Se sospecha que provoca cáncer. Puede provocar defectos genéticos. Se sospecha que provocar defectos genéticos. Puede provocar síntomas de alergia o asma o dificultades respiratorias en caso de inhalación. En caso de ingestión, llamar inmediatamente a un centro de información toxicológica o a un médico.
		No provocar el vómito. Guardar bajo llave. No respirar el polvo, el humo, el gas, la niebla, los vapores, el aerosol. Lavarse concienzudamente tras la manipulación. No comer, beber ni fumar durante su utilización. Consultar a un médico en caso de malestar. En caso de exposición, llamar a un centro de información toxicológica o aun médico. Solicitar instrucciones especiales antes del uso. No manipular la sustancia antes de haber leído y comprendido todas las instrucciones de seguridad. Utilizar el equipo de protección individual obligatorio. En caso de exposición manifiesta o presunta, consultar a un médico. Evitar respirar el polvo, el humo, el gas, la niebla, los vapores, el aerosol. En caso de ventilación insuficiente, llevar equipo de protección respiratoria. En caso de inhalación, si respira con dificultad, transportar a la víctima al exterior y mantenerla en reposo, en una posición en la que pueda respirar confortablemente.

PELIGROS PARA LA SALUD		
	Corrosivo	**Clasificación**: provoca quemaduras graves en la piel y lesiones oculares graves.
		Precaución: no respirar el polvo, el humo, el gas, la niebla, los vapores, el aerosol. Lavarse concienzudamente tras la manipulación. Llevar guantes, prendas, gafas, máscara de protección. Guardar bajo llave. Conservar únicamente en el recipiente original.
PELIGROS PARA EL MEDIO AMBIENTE		
	Peligro para el medio ambiente	**Clasificación**: en el caso de ser liberado en el medio acuático y no acuático puede producirse un daño del ecosistema por cambio del equilibrio natural, inmediatamente o con posterioridad. Ciertas sustancias o sus productos de transformación pueden alterar simultáneamente diversos compartimentos.
		Precaución: según sea el potencial peligro, no dejar que alcancen la canalización, en el suelo o en el medio ambiente. Observar las prescripciones de eliminación de residuos especiales.

EN ESTE CAPÍTULO HEMOS APRENDIDO A:

- Diferenciar los distintos conceptos como la limpieza, suciedad y desinfección.

- Reconocer los tipos de residuos que podemos encontrar en los diferentes centros de trabajo.

- Aplicar los procesos de limpieza idóneos en función de si las superficies son materiales duros o blandos y las consecuencias que conlleva una elección inadecuada.

- Distinguir entre los diferentes tipos de productos utilizados en la limpieza y las indicaciones de uso. Igualmente se han expuesto las indicaciones para una correcta dosificación y los dosificadores existentes en el mercado.

- Reconocer los riesgos que conlleva para la salud el uso de productos de limpieza y cómo actuar en caso de producirse la toxicidad.

- Conocer los diferentes etiquetados de los productos de limpieza, interpretándolos para evitar así los riesgos que conlleva su manipulación.

ACTIVIDADES

EJERCICIOS DE REPASO Y AUTOEVALUACIÓN

1.1. ¿Cuál de las siguientes afirmaciones es correcta sobre la desinfección?

   a) Solo se aplica en hospitales y centros de salud.

   b) Es un proceso que solo implica la eliminación de suciedad visible.

   c) Se realiza para eliminar microorganismos patógenos y prevenir enfermedades.

   d) No requiere el uso de productos químicos.

1.2. ¿Cuáles son los factores que influyen en la eficacia de la limpieza?

1.3. Explica la diferencia entre higiene pública e higiene privada. Da un ejemplo de cada una.

1.4. Relaciona los siguientes residuos con su categoría correspondiente:

   a) Escombros de una obra.   1. Residuos sólidos urbanos.

   b) Restos de comida.   2. Residuos de construcción.

   c) Material contaminado con radiación.   3. Residuos sanitarios.

   d) Desechos de hospitales.   4. Residuos sólidos urbanos.

   e) Botellas y envases de plástico.   5. Residuos radiactivos.

1.5. ¿Qué característica principal tienen los materiales blandos y cómo afecta a su limpieza?

1.6. ¿Cuál de los siguientes materiales se utiliza comúnmente en la fabricación de pavimentos y muebles?

   a) PVC.

   b) Madera.

   c) Fibra sintética.

   d) Linóleo.

1.7. ¿Cuál de los siguientes productos de limpieza es más adecuado para eliminar manchas de pintura?

a) Detergentes.

b) Desincrustantes.

c) Disolventes.

d) Amoniaco.

1.8. ¿Cuál de las siguientes superficies NO debería ser limpiada con exceso de agua debido a su vulnerabilidad?

a) Madera.

b) PVC.

c) Linóleo.

d) Fibra sintética.

1.9. Explica las consecuencias de una mala selección de productos de limpieza sobre las superficies. Menciona al menos dos tipos de alteraciones que pueden ocurrir.

1.10. ¿Cuáles son los riesgos principales asociados al uso incorrecto de productos de limpieza y cómo pueden prevenirse?

2. Desarrollo de los procesos de limpieza

Contenido

En este capítulo vamos a aprender a:

- Reconocer las principales técnicas de limpieza.

- Seguir el orden idóneo en las principales en las principales técnicas de limpieza para que el resultado sea el esperado.

- Organizar el entorno de trabajo para una limpieza adecuada conociendo cómo actuar en caso de personas en el entorno de trabajo.

- Verificar las tareas de limpieza y conocer las ventajas de seguir un plan de trabajo, interpretando las instrucciones que en él estén incluidas.

- Identificar los útiles destinados a la limpieza de suelos, techos y paredes.

- Conservar convenientemente los útiles de limpieza para evitar el deterioro precoz de los mismos.

- Conocer las ventajas del uso de las aspiradoras en nuestro trabajo.

2.1. Secuenciación de actividades de limpieza adaptados a cada técnica: barrido, barrido húmedo. Aspirado. Fregado. Desempolvado

El primer paso para la realización de las tareas de limpieza de una forma eficaz y eficiente es la planificación de las actividades que se van a ejecutar. En ocasiones, y dependiendo del lugar de trabajo, esta planificación estará ya elaborada, en cuyo caso solo será necesario seguirla, pero si no lo está, seremos nosotros los responsables de dicha planificación. Para ello se proponen los siguientes pasos:

1.º Es necesario detectar cuáles son las necesidades de limpieza del edificio o local. Para ello, además de solicitar la información que sea necesaria a los responsables, se llevará a cabo un trabajo de observación en el que se analice, entre otras cosas, el nivel de uso de las distintas dependencias, las horas de más afluencia de clientes, las horas en las que los empleados desarrollan su trabajo en las dependencias, etc.

2.º Se debe analizar qué necesidades de limpieza precisan las estancias que se van a limpiar. No es lo mismo la higiene que requiere un taller, que la que demanda una escuela infantil.

3.º Comprobar el tiempo que está estipulado para la limpieza del espacio en cuestión. Habrá que analizar cuánto tiempo puede detenerse el trabajador en cada estancia para que así todas puedan ser limpiadas.

4.º Decidir qué útiles de limpieza, productos y técnicas van a ser utilizadas en cada dependencia, en función de la superficie que se va a limpiar.

Es necesario que el responsable sea informado de todas la incoherencias que se detecten entre la planificación que estuviera elaborada y la realidad que se observe en el lugar de trabajo.

BARRIDO	
	• El barrido es muy importante ya que es la técnica que permite recoger más eficazmente el polvo y los residuos que se depositan sobre el pavimento.
	• Es recomendable comenzar a barrer por las zonas más alejadas de la entrada de la estancia, para continuar haciéndolo hacia la puerta de salida.
	• El barrido se debe realizar diariamente en todas las dependencias, aunque si nos referimos a un espacio exterior, la limpieza se puede espaciar en el tiempo. Aun así, no se debe descuidar ya que la suciedad puede entrar a las zonas interiores adherida a los zapatos y a través del viento.
	• En cuanto al orden, se debe realizar primeramente el barrido de los pavimentos antes que el resto de limpieza de mobiliario, ya que, de lo contrario, el polvo volverá a depositarse sobre los muebles.

BARRIDO HÚMEDO	• El barrido húmedo es la técnica intermedia entre el fregado y el barrido seco. Para ello, se utiliza una mopa impregnada en líquido especial para mopas o una mopa con dosificador de agua.

- El barrido húmedo es la técnica intermedia entre el fregado y el barrido seco. Para ello, se utiliza una mopa impregnada en líquido especial para mopas o una mopa con dosificador de agua.

- Se suele utilizar sobre pavimentos que han sido cristalizados y sobre los que es imprescindible el mantenimiento libre de polvo. Está muy presente en centros comerciales.

- Lo más importante del barrido húmedo es que nos permite una limpieza fácil bajo el mobiliario, ya que los extremos de las mopas, al ser largos y delgados, caben sin dificultad bajo los muebles, sofás, sillas, etc. Lo que nos permite un gran ahorro de tiempo ya que no es necesario mover los muebles.

- Al igual que para barrido seco, se recomienda comenzar por las zonas más alejadas de la entrada de la estancia, recorriendo todas las zonas que hay que limpiar hasta acabar por la parte más cercana al acceso del habitáculo.

- Se evitarán las zonas donde la presencia de personas suponga riesgo de tropiezos.

ASPIRADO

- El aspirado puede sustituir al barrido ya que tienen el mismo objetivo: eliminar el polvo de las superficies. Entre las ventajas de su uso podemos encontrar que no levanta el polvo del suelo, es más eficaz en sitios de difícil acceso y lo elimina totalmente, ya que es aspirado.

- Se puede utilizar sobre cualquier superficie porque no daña los distintos tipos de materiales.

FREGADO

- El fregado es la técnica más utilizada para la eliminación de manchas sobre los pavimentos, recogiendo igualmente los restos de polvo que no se hayan eliminado con el barrido.

- En necesario conocer de qué material es el pavimento ya que determinará el producto de limpieza que se debe utilizar. Los más usuales son granito, mármol, plaqueta o los similares a la madera como el parqué o las tarimas.

- En caso de mármol y granito, se recomienda un producto para pavimentos delicados. Las lejías no deben ser utilizadas sobre este material ya que eliminará el brillo del mismo.

- Las plaquetas son más resistentes, por lo que pueden ser limpiadas con cualquier producto que no sea abrasivo.

- El parqué y la tarima requieren de más cuidado, siendo necesario evitar el uso de demasiada agua para su limpieza, estando recomendada la utilización de mopas.

- El fregado debe realizarse a diario, sobre todo en las zonas que más higienización requieren como son los baños y las cocinas.

- El fregado de los azulejos se realizará pulverizando las superficies para posteriormente enjuagar el producto de limpieza con una bayeta. Se debe realizar comenzando por las zonas más altas para finalizar por las más bajas.

DESEMPOLVADO	• El desempolvado se refiere a la eliminación del polvo que se encuentra depositado en las paredes y techos.
	• Para el desempolvado podemos utilizar un plumero, si la zona no es muy extensa, o un aspirador. En este caso, colocaremos la terminación adecuada en el aspirador para evitar provocar un daño sobre la superficie.
	• En el caso de los techos, se extremarán las precauciones sobre todo en las esquinas, ya que, al ser zonas de difícil acceso, pueden quedar restos de polvo y telarañas.

La secuencia de limpieza para las paredes, techos y suelos, va a depender de la técnica utilizada. Se ofrecen las siguientes recomendaciones:

2.2. Acondicionamiento de los espacios de trabajo

Como es de suponer, cada espacio de trabajo tiene unas características especiales que implican una mayor o menor dificultad a la hora de la limpieza. Por ejemplo, no es lo mismo la dificultad que conlleva la limpieza de una oficina que la de un taller de mecánica. Además del uso que se le dé al local o establecimiento, también influye la decoración, el mobiliario, los materiales utilizados, etcétera.

2.2.1. Preparación del entorno y mantenimiento del orden

Para poder llevar a cabo nuestra labor de forma eficaz y eficiente, es necesario, como paso previo, la preparación del entorno de trabajo. Durante la realización de la actividad será igualmente importante mantener el orden dentro del espacio donde se desarrolle nuestra labor. Para ello se proponen tres cuestiones:

1. Como paso inicial, se retirarán de la zona que hay que limpiar los objetos y mobiliario que puedan suponer un obstáculo para nuestro trabajo. Este paso también ayudará a evitar accidentes por tropiezos.

2. A continuación, se llevarán a la zona que hay que limpiar los útiles, productos de limpieza y maquinaria necesarios para la realización de la limpieza, colocándolos en una zona de fácil acceso pero no de paso, evitando así los posibles tropiezos y los derrames de productos que puedan suponer el deterioro de superficies o mobiliario.

3. Una vez realizados los pasos anteriores, se puede proceder a la limpieza de la zona.

Cuando nos referimos al mantenimiento del orden, podemos estar pensando en el orden aplicado a tres aspectos fundamentales:

- El orden de los productos, útiles y maquinaria de limpieza. Los productos y útiles deberán estar guardados de forma ordenada en el lugar destinado a ello, ya que de esta forma se facilita la labor al resto de empleados de limpieza que puedan necesitarlos y se detectan mejor las necesidades de reposición. La maquinaria, si es de batería, deberá ser guardada en el lugar acordado y puesta a cargar para que, cuando la volvamos a necesitar, podamos usarla.

- El orden del local o establecimiento es igualmente importante, ya que va a determinar la rapidez con la que hagamos nuestro trabajo. Aunque las personas que trabajan en las zonas objeto de limpieza, por lo general, dejarán recogidos sus útiles de trabajo, es posible que en ocasiones nos encontremos con que esto no es así. Se recomienda no mover los objetos de sitio ya que así se evitarán pérdidas de las que el personal de limpieza pueda ser responsabilizado. De la misma forma, una vez finalizada la labor de limpieza, será necesario dejar en orden el local o establecimiento si es que fue necesario mover mobiliario u objetos.

- Las tareas que hay que realizar se deberán llevar a cabo con orden de forma que se respete la secuenciación de actividades anteriormente indicada. De lo contrario, correremos el riesgo de que nuestro trabajo no sea tan eficaz como se espera.

> SABÍAS QUE…
>
> Trabajar en un espacio limpio y ordenado puede reducir el estrés y aumentar la concentración, mejorando así el rendimiento laboral.

2.2.2. Desarrollo de las tareas de limpieza con personas en su puesto de trabajo o en las inmediaciones (personas en tránsito)

A través de la planificación del trabajo en los establecimientos y locales, se consigue que la limpieza se realice en los espacios en las horas más idóneas, sobre todo cuando haya menos o ninguna afluencia de clientes y cuando exista un menor número de trabajadores en el centro. De esta forma se garantiza un resultado adecuado en las tareas que hay que desarrollar.

Aun así, no en todos los casos es posible que se evite la presencia de personas en el espacio que hay que limpiar. En los casos en los que sea posible, habrá que negociar con el empleador un cambio de horario que facilite nuestra labor, pero si no lo es, habrá que tomar ciertas precauciones, actuando de forma distinta en función de las personas que estén presentes en la zona:

- Se solicitará a los trabajadores, dependiendo de sus posibilidades, que cambien su ubicación durante el tiempo que se necesita para la realización de la limpieza.

- Habrá que valorar qué producto es mejor no utilizar por la emisión de olores fuertes y la toxicidad, que puedan perjudicar a las personas presentes, evitando el contacto. Se recomienda ventilar la zona una vez realizada la limpieza.

- La utilización de maquinaria de limpieza puede producir ruidos que molesten a las personas presentes. Será necesario valorar en qué otros momentos se puede utilizar esta maquinaria y si puede sustituirse por alguna otra o por útiles de limpieza.

- Si las personas que se encuentran en la zona de trabajo son niños, habrá que ser aún más cuidadoso por el riesgo que ello conlleva, avisando a los responsables de los menores para que estén alerta.

2.3. Técnicas de verificación de las tareas de limpieza

Con el objetivo de comprobar que las labores encomendadas se han llevado a cabo correctamente, es necesario hacer una verificación del trabajo ejecutado. En esta verificación comprobaremos que no solo se han limpiado todas las estancias, sino que la calidad de la limpieza ha sido la adecuada, coincidiendo con lo que desde un principio se espera de nosotros. Para ello, se revisarán los restos de polvo, huellas, manchas en cristales, restos en el pavimento, puertas, muebles, superficies, etc.

Esta verificación tiene un objetivo positivo, ya que de ahí se extraerá la manera de mejorar en nuestro trabajo, aumentando así las posibilidades de mantener el puesto de trabajo.

2.4. Seguimiento del plan de trabajo

El plan de trabajo es el documento en el que se detallan las actuaciones que hay que desarrollar en el puesto de trabajo para cubrir las necesidades de limpieza de los locales y establecimientos. En él se incluirá la frecuencia con la que se deben limpiar las distintas zonas, los horarios, el tiempo dedicado a cada actividad, etc. Para la elaboración del mismo, se tendrán en cuenta aspectos como los siguientes:

- Tiempo destinado a cada actividad.

- Uso de las instalaciones.

- Dimensiones de la zona que higienizar.

- Útiles o maquinaria que usar.

- Horario en el que es mejor desarrollar la actividad.

- Zonas de más uso y, por tanto, de más necesidad de limpieza.

El plan de trabajo es un instrumento muy útil ya que si se sigue en detalle, y está bien elaborado, es una garantía de que nuestro trabajo se estará desarrollando conforme se nos exige.

2.4.1. Interpretación y ejecución de las instrucciones recibidas

Es al inicio de la relación laboral el momento idóneo para recibir las normas de actuación en el centro de trabajo. Estas normas se refieren a una serie de instrucciones que el empleado recibirá del empleador y que versarán sobre cómo, cuándo y qué se debe limpiar.

Estas normas deben ser respetadas por el empleado, comentando en todo momento con el empleador los posibles desajustes que se observen entre las instrucciones recibidas y la realidad observada.

Estas instrucciones se pueden recibir en dos momentos distintos:

- Inicio de la relación laboral. Es cuando se comienza a prestar el servicio y es el momento idóneo para no dar pie a confusiones por parte del empleador.

- Durante la relación laboral. Una vez iniciada la relación laboral, las instrucciones pueden ser distintas a las previstas en un primer momento por distintas circunstancias. Surgen en ocasiones cambios que implican el reajuste del personal de limpieza, modificando así la organización, los horarios o las tareas programadas.

Estas instrucciones se pueden recibir a través de documento escrito, siendo el método más idóneo porque así se puede revisar tantas veces como sea necesario; o por vía verbal, en cuyo caso es de gran importancia que el empleado anote en una hoja los cambios solicitados y así evitar olvidos que puedan generar un mal servicio.

2.5. Conocimiento de los procedimientos y normas del centro de trabajo

El objetivo de la existencia de unos procedimientos elaborados, en el área de la limpieza, es el de mantener una homogeneidad en la actuación por parte de los distintos operarios que puedan desarrollar su actividad en las mismas instalaciones. De esta forma, se evita que cada empleado realice su labor de manera distinta y que se omitan cuestiones que hay que tener en cuenta como, por ejemplo, horarios más adecuados para realizar distintas actividades, orden en la limpieza, instalaciones que limpiar, etc. Con ello se consigue además un mayor aprovechamiento del tiempo que permanezcamos en el centro de trabajo.

Por otra parte, nos encontramos con que cada centro de trabajo tiene una serie de normas internas que impone el empresario y que deben ser cumplidas por todas las personas que desempeñen su labor en el centro de trabajo, ya sean contratados directamente por la empresa o a través de otra, pero aplicables a cuantos se presten el servicio en ella.

Tanto los procedimientos como las normas deben ser conocidos por todos los empleados. En el caso de que la empresa para la que se trabaja no sea la misma que para la que se presta el servicio, será el empleador el responsable de informar, al comienzo de la prestación del servicio, de las normas y procedimientos que imperan.

2.6. Manejo y conservación de los útiles de limpieza

Resulta de gran importancia, para lograr unos resultados óptimos, que se conozcan cuáles son los útiles de limpieza indicados en función de las distintas superficies y cómo mantenerlos en un correcto estado de conservación.

2.6.1. Identificación: para suelos, paredes, techos

Suelos:

FREGONA: la fregona es un útil imprescindible en la limpieza de los pavimentos. Puede estar elaborada con distintos materiales entre ellos el algodón o materiales sintéticos como la microfibra. La fregona va unida al mango, que nos permite realizar las tareas de limpieza sin necesidad de agacharnos, y que puede ser de madera o aluminio, siendo estos últimos los más resistentes a la humedad aunque pueden doblarse con facilidad.

CUBO: los cubos se utilizan para mezclar los productos de limpieza con el agua. Los hay simples o con el escurridor incorporado, para ser utilizado como medio para escurrir la fregona. Incluso los hay con ruedas para evitar cargar con ellos y los riesgos que conlleva levantar peso.

ESCOBA O CEPILLO: es una herramienta muy útil en las labores domésticas ya que nos permite recoger el polvo y restos de suciedad del pavimento, agrupándolo en un lugar para recogerlo posteriormente. Está formado por una parte de plástico de la que salen las cerdas, que tiene distinta suavidad en función de lo delicado que sea el pavimento que vayamos a barrer. Al igual que la fregona, incorpora también un mango.

MOPA: las mopas están formadas por una base sobre la que se inserta una funda y desde la que sale el mango. La funda es la parte que está en contacto con el suelo y sobre la que se pulveriza el producto atrapa polvo que nos ayudará a recoger el polvo y los residuos sólidos instalados en el suelo. Suelen ser muy útiles en superficies delicadas tales como parqué y tarima, ya que no se recomienda la humedad de las mismas.

CARRO DE LIMPIEZA: es un medio para transportar los útiles de limpieza. De esta forma nos evitamos cargar con todos ellos reduciendo así los riesgos por accidentes laborales.

BAYETA: las bayetas son utensilios que se usan para eliminar el polvo de las superficies. Se pueden fabricar en distintos materiales con el algodón, la viscosa el poliéster, etc.

ESTROPAJO: los estropajos se utilizan en la limpieza de los aseos y la cocina. Los hay de distintos colores que representan la dureza del mismo. Es importante que en función de la superficie que se quiera limpiar, se use el estropajo adecuado. Si la superficie es muy delicada, se podrá usar la esponja que acompaña al estropajo.

Paredes y techos:

PLUMEROS: los plumeros son muy útiles para eliminar el polvo de las paredes y techos. Tienen un mango telescópico que se alarga para llegar donde se desee desde el suelo y así evitar el uso de escaleras. Su uso no está contraindicado sobre ninguna superficie ya que están elaborados con un material que no daña ninguna superficie.

2.6.2. Aplicación de los diferentes útiles de limpieza

Una buena elección de herramientas de trabajo garantiza una gran parte del éxito de nuestra actividad. Es fundamental tener en cuenta los materiales con los que están fabricadas las superficies para evitar provocar daño a las mismas.

En relación con las fregonas, se ha comentado que existe una variedad de ellas fabricadas con distintos materiales. Cada una de ellas está indicada en la limpieza de distintas superficies. Por ejemplo, si la superficie que hay que limpiar es de parqué, tarima, porcelánico o gres, será recomendable utilizar fregonas fabricadas con microfibra ya que son más absorbentes. Para los suelos de terrazo o mármol, están más indicadas las fregonas de algodón.

Con respecto a las escobas o cepillos, también existe una variedad en función de la utilización que se le vaya a dar. Los hay con cerdas duras y largas, idóneas para superficies de exterior, y las hay más suaves y cortas, indicadas para superficies delicadas. Existen también las que incorporan una protección en las zonas más duras para evitar que los golpes puedan estropear los muebles o puertas generando arañazos y roces.

El uso de estropajos no suele estar indicado en superficies como vidrio o madera. Son muy útiles para eliminar restos adheridos a superficies.

Las bayetas se pueden utilizar para eliminar el polvo de las superficies, para las que se elegirán las de algodón, siendo las de poliéster o viscosa las más recomendadas si se van a utilizar en húmedo ya que así se facilita la absorción.

Las mopas se utilizarán para los pavimentos sobre los que no es muy recomendable el uso de agua, por ejemplo, la tarima y el parqué. Aporta gran cantidad de brillo si se utiliza conjuntamente con productos destinados a este fin.

Las mopas también se comercializan en distintos materiales. Las fundas se pueden extraer para facilitar su limpieza, existiendo también las fundas desechables.

2.6.3. Procesos de conservación de los mismos

Para alargar la vida de los útiles de limpieza, un aspecto que hay que tener en cuenta es la conservación de los mismos, ya que de su mantenimiento dependerán en gran medida los resultados del trabajo.

Todas las herramientas utilizadas en la labor de limpieza, se ensucian y se desgastan por el uso continuado. Para una adecuada conservación de los mismos, se proponen las siguientes pautas de actuación:

- Cuando se terminan de utilizar las bayetas y estropajos, se limpiarán y se dejarán secar.

- No se recomienda que se guarden si se encuentran húmedos ya que se impregnarán de un olor desagradable.

- Los útiles de limpieza deben guardarse en un lugar adecuado, alejado de zonas de humedad.

- No deben ser utilizados para distintos fines para los que fueron concebidos.

2.6.4. Utilización de electrodomésticos: aspiradoras de fácil manejo

Las aspiradoras son electrodomésticos cuyo uso es de gran utilidad en los edificios y locales objeto de nuestro trabajo. En sus inicios, habían sido concebidas para la limpieza de alfombras y moquetas pero en la actualidad tienen numerosos usos. Las aspiradoras que no son de uso industrial, destinadas para la limpieza de zonas de menor tamaño, incorporan distintas boquillas que se utilizarán en función de las distintas superficies. Por ejemplo, existen boquillas pequeñas para los lugares de difícil acceso; existen terminaciones con zona acolchada para su uso sobre superficies delicadas; las hay con una terminación en forma de cepillo que permite su uso sobre pavimentos más resistentes, etc.

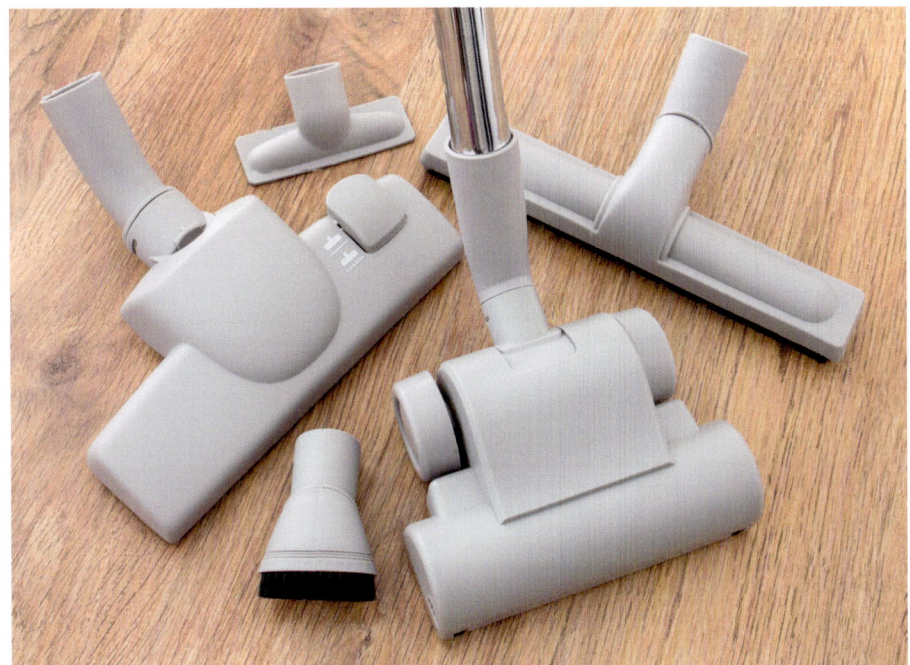

La principal ventaja del uso de aspiradores es la garantía de que el polvo se va a absorber y no se va a quedar en suspensión como puede ocurrir con el barrido tradicional.

Los aspiradores industriales, utilizados en locales y establecimientos de mayores dimensiones, tienen como ventaja la mayor capacidad de aspiración y la posibilidad de aspirar líquidos y sólidos. Existen distintos modelos en función del tipo de suciedad para los que están ideados.

Los usos para los que están indicados los aspiradores son los siguientes:

- Limpiezas de suelo.

- Limpieza de paredes y techos: la limpieza de paredes y techos y, en general, de lugares inaccesibles, se vuelve mucho más fácil con la aspiradora ya que el mango largo permite el acceso a cualquier rincón.

- Limpieza de rincones y lugares pequeños: los aspiradores incorporan boquillas pequeñas que se pueden introducir donde la mano de la persona que limpia no cabe, facilitando así la higiene de rincones, guías de ventanas correderas, persianas, etc.

Los aspiradores están compuestos por varias partes:

- Fuente de energía: al ser un aparato eléctrico, dispone de un cable y enchufe para conectarlo a la energía eléctrica.

- Cuerpo del aspirador: donde se incluye el motor de aspiración y la bolsa en la que se almacenará el polvo una vez aspirado. En la actualidad los aspiradores más modernos carecen de bolsa y el polvo se deposita en un recipiente con agua para evitar la propagación del mismo una vez que se quiera retirar.

- Tubo de aspiración: es el tubo largo y flexible por el que trascurre el polvo desde el exterior hasta la bolsa o depósito destinado para tal fin.

- Terminaciones: son las distintas piezas que se acoplan al final del tubo de aspiración y que nos permiten darle distintos usos.

EN ESTE CAPÍTULO HEMOS APRENDIDO A:

- Utilizar las principales técnicas de limpieza en función del lugar donde estemos desarrollando nuestro trabajo.

- Llevar un orden adecuado en las tareas de limpieza, conociendo cómo hacer nuestro trabajo de forma más eficaz.

- Darle la importancia necesaria al orden en nuestro trabajo y a saber cómo actuar cuando nos encontramos con personas ajenas a nuestro trabajo en la misma zona que hay que limpiar.

- Reconocer lo importante que es atenerse al plan de trabajo y una buena interpretación de este, ya que es una garantía de éxito.

- La importancia que tiene conocer las normas de trabajo de los centros y quiénes son los responsables de informar de ellas.

- Manejar los útiles de limpieza, identificándolos y eligiendo correctamente en función de los materiales con los que estén fabricadas las superficies que se tienen que limpiar.

- Descubrir las ventajas que tiene el uso de las aspiradoras, identificando sus partes y las boquillas que tienen para hacer más fácil nuestro trabajo.

ACTIVIDADES

2.1. ¿Cuál es el primer paso para realizar una limpieza eficaz y eficiente?

2.2. Menciona tres aspectos que deben considerarse en la planificación de la limpieza.

2.3. ¿Por qué es importante mantener el orden en los útiles y productos de limpieza?

2.4. ¿Cuál de las siguientes afirmaciones es correcta sobre la limpieza con personas en su puesto de trabajo?

   a) Se debe evitar la limpieza en presencia de personas en todo momento.

   b) Se pueden usar cualquier tipo de productos sin restricciones.

   c) Se deben evitar productos con olores fuertes y maquinaria ruidosa.

   d) No es necesario tomar precauciones.

2.5. ¿Qué debe hacerse antes de comenzar la limpieza de un espacio?

   a) Limpiar primero los objetos de menor tamaño.

   b) Retirar los obstáculos y colocar los útiles en una zona accesible, pero segura.

   c) Aplicar directamente los productos sin verificar la superficie.

   d) Solicitar permiso para limpiar cada área por separado.

2.6. ¿Cuál es una ventaja del uso de aspiradoras sobre el barrido tradicional?

   a) Es más rápido, pero deja polvo en suspensión.

   b) Absorbe el polvo y evita que quede en suspensión.

   c) No necesita energía eléctrica.

   d) Solo sirve para alfombras y moquetas.

2.7. ¿Qué factor NO se debe considerar al elaborar un plan de trabajo de limpieza?

a) Tiempo destinado a cada actividad.

b) Colores de las paredes y muebles.

c) Dimensiones de la zona que hay que higienizar.

d) Zonas de mayor uso y necesidad de limpieza.

2.8. Explica por qué es importante la verificación de las tareas de limpieza y qué aspectos se deben revisar.

2.9. Describe tres precauciones que se deben tomar al limpiar en presencia de niños.

2.10. Menciona y explica dos procesos de conservación de los útiles de limpieza.

3. Gestión y tratamientos de residuos

Contenido

En este capítulo vamos a aprender a:

- Diferenciar entre los conceptos de residuo y basura.

- Conocer los distintos tipos de residuos y las diferentes formas de tratamiento de los mismos.

- Identificar los medios existentes para separar los residuos, manipularlos y almacenarlos de forma segura.

3.1. Tipos de residuos: urbanos, industriales, hospitalarios, agrícolas, ganaderos, forestales y mineros

En este apartado, profundizaremos en los tipos de residuos y su clasificación a través de distintos criterios. En principio, para evitar confusión, se indicará la diferencia entre residuos y basura:

La **basura** es el material o producto de desecho que, al carecer de valor económico, debe ser eliminado.

Los **residuos** son aquellas materias que carecen de valor para el fin para que el fueron producidas.

La principal diferencia está en que los residuos pueden ser reutilizados para otros fines mientras que la basura no.

Cuando se habla de manejo de residuos, nos referimos a la recolección, tratamiento y eliminación de los mismos a través de la acción humana. El objetivo es la reducción de los efectos negativos que los residuos tienen sobre el medio ambiente.

SABÍAS QUE...

La composición de los residuos está en relación con el desarrollo humano. Varían en función del lugar y el tiempo en el que nos encontremos. Por ejemplo, no son el mismo tipo de residuos los que encontramos en España que los de Angola. De igual manera, en España no encontrábamos los mismos residuos hace 50 años que ahora.

Los residuos se depositan en los lugares destinados a ello para su posterior recogida y tratamiento. En función del tipo de residuo recibirá un tratamiento u otro y tendrá un destino diferente.

Los residuos biodegradables, como, por ejemplo, los alimentos, cuya principal característica es que desaparecen de forma natural gracias al oxígeno, al aire libre y a los microorganismos que causan la descomposición, deben ser igualmente controlados ya que pueden causar problemas en el medio ambiente y en la salud de las personas. Se suelen depositar en vertederos controlados. Estos vertederos están impermeabilizados para evitar que, por efecto de la lluvia, los restos se filtren llegando a las aguas subterráneas y a los ríos y los contaminen.

Los residuos se pueden clasificar según su composición y su procedencia.

Según su composición:

- Residuos orgánicos: son los desechos de origen biológico, por ejemplo, los restos de alimento, los restos de poda, etc.

- Residuos inorgánicos: son los desechos cuyo origen no es biológico sino industrial o elaborado a través de proceso artificial, por ejemplo, plásticos, telas, etc.

- Mezcla de residuos: es la mezcla de los dos anteriores.

- Residuos peligrosos: aquellos que constituyen un peligro para la salud de las personas o el medio ambiente, por ejemplo, residuos radiactivos, corrosivos, etc.

- Residuo inerte: es el que no es peligroso ni biodegradable, ni afecta negativamente a la calidad de las aguas ni al medio ambiente.

ECOLOGY

Según su origen:

- Residuos urbanos: son aquellos generados por la actividad que se desarrolla en los núcleos urbanos, como en los domicilios, oficinas, comercios, etc. La mayoría de ellos proviene de los domicilios y es la basura doméstica. Por lo general, está formada por restos orgánicos, como restos de alimentos, papel, cartón, plásticos, vidrios, latas, etc.

- Residuos industriales: son aquellos producidos por las distintas industrias. Sus orígenes pueden ser tan variados como distintos tipos de industrias existen. La mayoría de ellos pueden ser reciclados y reutilizados. Existen dos clases de residuos industriales: los inertes, como los restos de obra, y los peligrosos, como, por ejemplo, los corrosivos.

- Residuos hospitalarios: los desechos hospitalarios pueden tener dos orígenes. Los que se pueden asimilar a los desechos domésticos como los restos de alimentos, latas, papel y cartón, etc., y los generados por la actividad sanitaria, que están considerados como residuos peligrosos. En estos últimos podemos encontrar agujas, bisturíes, vacunas, residuos infecciosos y todo aquello que pueda transmitir alguna enfermedad.

- Residuos agrarios y ganaderos: se incluyen los residuos de las actividades del sector primario, es decir, agricultura, ganadería, pesca, forestal y cinegética. Así mismo los residuos producidos por industrias alimenticias como mataderos, empresas lácteas y harineras, las tabaqueras también están incluidas en esta tipología. Una gran parte de estos residuos son orgánicos.

- Residuos mineros: son los generados por la actividad extractiva llevada a cabo en las minas, tanto subterráneas como al aire libre. Están formados por una gran cantidad de materiales estériles que son extraídos junto con el material que interesa.

SABÍAS QUE…

Existe la llamada *basura espacial*. Está formada por fragmentos de satélites y cohetes que se encuentran en la órbita terrestre. En la actualidad se calcula que el 20 % es satélites que no funcionan, el 25 % es desechos de lanzamiento y el 50 % corresponde a fragmentos de satélites destruidos. La existencia de estos restos pone en peligro los nuevos lanzamientos de cohetes espaciales por el riesgo de choque que supone.

3.2. Tratamiento de los mismos: reciclado, reutilización, valoración y eliminación

Es importante conocer los medios para el tratamiento de residuos. Algunos de estos tratamientos están orientados a prevenir la creación de los mismos, como, por ejemplo, la reutilización, mientras que otros no evitan que se generen, sino que se minimiza el perjuicio que provocan sobre el medio ambiente. Son el reciclado, la valoración y la eliminación. En función del tipo de residuo, se aplicará un tratamiento u otro. A continuación se explican con más detalle:

1. Reciclado

   El reciclado consiste en la transformación de los residuos para su fin inicial o para otros fines. El ejemplo más claro es el reciclaje de vidrio que, a través de distintos procesos, se puede volver a utilizar para la fabricación de botellas del mismo material.

2. Eliminación

   La eliminación es el proceso dirigido a la destrucción total o parcial de los residuos, utilizando medios que no pongan en peligro el medio ambiente y la salud humana. La basura orgánica se suele depositar en vertederos controlados donde se va compactando.

3. Reutilización

   El principio de la reutilización es la prevención de la creación de residuos. Es el empleo de un producto usado para un fin distinto para el que fue concebido. Por tanto, dejaría de ser un residuo.

4. Valorización

Todo procedimiento que permita el aprovechamiento de los recursos contenidos en los residuos sin poner en peligro la salud humana y sin utilizar métodos que puedan causar perjuicios al medio ambiente.

Según el tipo de residuo, se aplicarán unos tratamientos u otros ya que todos no son posibles en todos los residuos. A continuación explicaremos cómo se aplican los tratamientos en función del residuo:

a) Residuos urbanos

Los residuos urbanos están compuestos por:

- Materia orgánica: son los restos procedentes de la preparación de la comida y los alimentos que se desechan.

- Papel y cartón: periódicos, revistas, publicidad, cajas y embalajes, etc.

- Plástico: botellas, bolsas, embalajes, platos, vasos y cubiertos desechables, etc.

- Vidrio: botellas, etc.

- Metal: latas, botes, etc.

- Otros.

Para aplicar algún tipo de tratamiento de residuo de los anteriormente mencionados, los residuos deben estar debidamente separados. Para ello, existen distintos contenedores destinados a los diferentes tipos de residuos. Los que encontramos en cualquier ciudad son los siguientes:

Los **contenedores amarillos** están ideados para el desecho de envases, tetrabriks y latas. Todos estos residuos se llevan a plantas de selección donde se separan según los diferentes materiales y son compactados y embalados para que sean llevados a los distintos centros de reciclaje donde, en muchas ocasiones, son modificados y reutilizados. Ofrecemos distintos ejemplos de ello:

- De los tetrabriks se fabrican bolsas de papel, láminas de aluminio, papel de cocina, etc.

- Las latas de acero se funden y son utilizadas en el sector del automóvil y con las de aluminio se hacen bicicletas, electrodomésticos, etc.

- Con los envases de plásticos se fabrican bolsas, ropa, cajas u otros envases, por ejemplo, para productos de limpieza.

Los **contenedores verdes** están dedicados a la recogida del vidrio. En ellos se pueden depositar botellas y envases de vidrio, pero no se deben desechar cristales, espejos, restos de cerámica, platos, fluorescentes, etc.

Estos residuos se llevan a las plantas de reciclaje donde se limpian y se trituran hasta que se convierten en polvo. A partir de este momento están preparados para fabricar otros envases de vidrio exactamente iguales que los originales.

En los **contenedores de color azul** se deberá desechar el papel y cartón. Los contenidos de estos contenedores son transportados a las plantas de reciclaje donde se comprime y se convierte en balas. Posteriormente se pone en remojo y se seca, se plancha y se enrolla en bobinas. Son estas bobinas las que se utilizan para hacer nuevas cajas, papel de embalaje, papel higiénico, etc.

No se debe tirar en el contendor azul el papel, servilletas o papel de cocina manchado de comida o aceite.

El **contenedor gris** está destinado a los residuos orgánicos. Allí se depositarán las sustancias de origen animal y vegetal como los restos de comida y de jardinería. Con ellos se puede elaborar el compost, utilizado como abono orgánico en la agricultura.

Por otra parte, el aceite vegetal deberá reservarse igualmente hasta que pueda ser desechado. Una buena opción es la de utilizar una botella vacía y un embudo para reservarlo hasta que se pueda tirar a un contenedor especial para aceite.

b) Residuos industriales

Dentro de los residuos industriales, tenemos una amplia gama de ellos. Podemos encontrarnos con los asimilables a los residuos urbanos, cuyo tratamiento se ha visto en el apartado anterior. Los residuos industriales inertes, como gravas, escombros, arenas y demás materiales tienen dos posibilidades: la reutilización como relleno de obras públicas o la eliminación depositándolos en vertederos adecuados. Y los residuos peligrosos cuyo tratamiento entraña más dificultad.

c) Residuos hospitalarios

En el ámbito sanitario y hospitalario, podemos encontrarnos con dos tipos de residuos: los asimilables a los domésticos y los sanitarios de riesgo. Con relación a los primeros, se actuará conforme se ha visto anteriormente, y con respecto a los segundos, el tratamiento utilizado es siempre la eliminación atendiendo a todos los criterios de inocuidad, asepsia y salubridad con el objetivo de respetar el medio ambiente y la salud de las personas.

d) Residuos agrícolas y forestales

Los residuos agrícolas y forestales están compuestos en su mayor parte por ramas, pajas, restos de animales y plantas. En la mayoría de las ocasiones no se pueden considerar residuos, ya que contribuyen a mantener los nutrientes del suelo.

Estos residuos tienen un alto contenido energético, por lo que son utilizados para la obtención de gas metano, que siendo quemado proporciona energía.

e) Residuos ganaderos

Son los generados por la cría intensiva o extensiva del ganado. Nos encontramos con varios tipos, entre ellos, los excrementos de los animales, que pueden ser utilizados como estiércol, y los zoosanitarios, como son los restos de productos que se utilizan en el tratamiento sanitario de los animales, cuya única forma de gestión es la eliminación en los mismos términos que los residuos sanitarios.

f) Residuos mineros

Los residuos mineros se asimilan a los residuos inertes por lo que el tratamiento será similar, utilizándolos como relleno en obras o depositándolos en vertederos adecuados.

3.2.1. Procesos de separación, manipulación y almacenamiento de residuos

En este apartado recorreremos el itinerario que realizan los residuos desde que se generan hasta que se desechan.

Separación

El proceso de separación de los residuos se puede dar en dos momentos diferentes:

- En el origen del residuo.

  – Los residuos agrícolas, sanitarios, industriales, mineros, etc. se separarán de los residuos asimilables a los urbanos, ya que se desecharán de forma distinta.

  – En caso de residuos asimilables a los urbanos (papel, cartón, envases, etc.) se deberán separar por clases para favorecer el reciclaje. Se dispondrán en los distintos contenedores concebidos para este fin.

- Una vez que han sido recogidos, en las plantas de tratamiento de residuos vuelven a pasar por un proceso de separación necesario, ya que en ocasiones la separación realizada en el origen no siempre es la adecuada.

Manipulación

La manipulación de los residuos se refiere a la gestión de los mismos. Incluiría el proceso comprendido entre la generación del residuo hasta el almacenamiento de los mismos. Por tanto, la manipulación será necesaria durante todo el camino que recorre el residuo y que se puede resumir en:

- Manipulación en el origen. Se refiere a la organización o entidad, ya sea doméstica o industrial, cuya acción ocasione que un material se convierta en residuo.

- Transporte. Es el desplazamiento de los residuos desde el origen a los lugares donde posteriormente se van a tratar o eliminar.

- Tratamiento. En este proceso se incluye la aplicación de las técnicas dirigidas al reciclaje, reutilización y valorización.

El proceso de manipulación de residuos conlleva una serie de riesgos asociados para el medio ambiente y para la salud de las personas. Entre los más importantes nos encontramos con los siguientes:

- Enfermedades provocadas por una inadecuada manipulación de los residuos.

- Contaminación de aguas y suelos. En los casos en los que los residuos no se dispongan de forma adecuada, pueden provocar la contaminación de aguas superficiales y subterráneas, así como de los suelos.

- Contaminación atmosférica, en la que incluimos el ruido, el olor y los gases que se desprenden de la descomposición durante el proceso de manipulación.

En la parte contraria, la manipulación de los residuos permite el reciclaje, la reutilización y la valorización, aspectos que se deben tomar como positivos por las grandes ventajas que conlleva tanto para el medio ambiente como para la salud de las personas.

Almacenamiento

Se define como la acción de retener de forma temporal un residuo, en condiciones controladas, mientras se procesa para aprovechamiento, tratamiento o disposición final. El almacenamiento de los residuos se llevará a cabo de forma distinta en función del tipo de residuo del que se trate.

- **Residuos sólidos urbanos**: el almacenamiento se realizará a través de contenedores de distintos colores en función de si están destinados para vidrios, papel y cartón, envases o residuos orgánicos.

- Los **residuos industriales** se almacenan en contenedores de gran volumen hasta que sean retirados para su reutilización.

- Para los **residuos sanitarios de riesgo**, la normativa española exige una serie de requisitos que deben cumplir los contenedores destinados para tal fin y que se pueden resumir en las siguientes:

  - Estanqueidad total.

  - Opacidad a la vista.

  - Resistentes a la rotura.

  - Asepsia total en su exterior.

  - Ausencia total en su exterior de elementos sólidos, punzantes y cortantes.

  - Volumen no superior a 70 litros.

  - Cierre especial hermético de fácil apertura y que no pueda abrirse de forma accidental.

  - Los residuos cortantes y punzantes han de ser recogidos en recipientes impermeables, rígidos y a prueba de pinchazos.

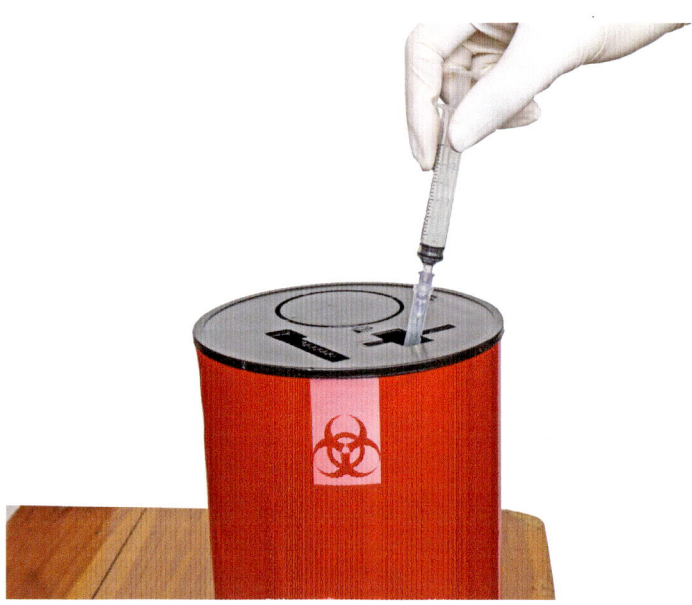

Los **residuos sanitarios** se pueden almacenar en el mismo edificio durante un período máximo de 72 horas. El lugar donde se almacenen debe tener un sistema de refrigeración, estar bien ventilado e iluminado, señalizado y acondicionado para una correcta desinfección y limpieza. Se debe poder cerrar y solo se permitirá el acceso al personal autorizado.

EN ESTE CAPÍTULO HEMOS APRENDIDO A:

- Que los tipos de residuos que podemos encontrar en nuestro centro de trabajo son los urbanos, industriales, hospitalarios, agrícolas, ganaderos, forestales y mineros.

- Los residuos urbanos son los que podemos encontrar en cualquier domicilio y está compuesto por envases, vidrios, papel y cartón, y restos de comida. Los industriales pueden ser inertes o peligrosos. Los agrícolas y forestales son los restos de plantas. Los ganaderos están compuestos por los zoosanitarios y las heces de los animales. Los hospitalarios son los formados por los asimilables a urbanos y los sanitarios de riesgo.

- Los residuos pueden ser tratados a través del reciclado, la reutilización o la valorización, siendo la eliminación el medio menos práctico ya que no se aprovecha el residuo.

- Durante su vida, el residuo pasa por los procesos de separación, manipulación y almacenamiento.

ACTIVIDADES

3.1. ¿Cuál es la diferencia principal entre residuos y basura?

   a) La basura es reciclable y los residuos no.

   b) Los residuos pueden ser reutilizados, mientras que la basura no.

   c) No hay diferencia.

   d) La basura es más perjudicial para el medio ambiente que los residuos.

3.2. ¿Qué tipo de residuos se considera peligroso para la salud y el medio ambiente?

   a) Residuos orgánicos.

   b) Residuos inertes.

   c) Residuos peligrosos.

   d) Residuos industriales.

3.3. ¿Qué tipo de residuos se generan principalmente en las actividades agrícolas y ganaderas?

   a) Residuos urbanos.

   b) Residuos hospitalarios.

   c) Residuos agrícolas y ganaderos.

   d) Residuos industriales.

3.4. ¿Dónde deben depositarse los residuos orgánicos generados en los hogares?

   a) En el contenedor verde.

   b) En el contenedor azul.

   c) En el contenedor gris.

   d) En el contenedor amarillo.

3.5. ¿Qué proceso se utiliza para convertir los residuos en un recurso útil, como en el caso del vidrio reciclado?

a) Reutilización.

b) Eliminación.

c) Valorización.

d) Reciclado.

3.6. ¿Cuál es la función principal de los vertederos controlados en el manejo de residuos?

a) Almacenar residuos sin tratamiento.

b) Compostar residuos orgánicos.

c) Evitar que los residuos contaminen las aguas subterráneas.

d) Reciclar materiales como el plástico y el vidrio.

3.7. Explica brevemente la diferencia entre residuos inorgánicos y orgánicos.

3.8. ¿Qué se entiende por «tratamiento de residuos» y cuáles son los métodos más comunes?

3.9. ¿Qué tipo de residuos generados en los hospitales requieren un tratamiento especial debido a su peligrosidad?

3.10. ¿Por qué es importante separar correctamente los residuos en contenedores diferentes, como los de vidrio, plástico y papel?

4. Aplicación y seguimiento de medidas de prevención de riesgos laborales

Contenido

En este capítulo vamos a aprender a:

- Conocer e identificar los riesgos que conlleva la realización de las tareas propias de las personas dedicadas a la limpieza de superficies.

- Conocer e identificar los riesgos que supone el establecimiento donde se preste el servicio.

- Conocer cuáles son los equipos de protección individual que se deben utilizar, aprendiendo las ventajas que conlleva el uso de los mismos.

4.1. Identificación de los riesgos

Los trabajadores que se dedican a la limpieza, desarrollan su labor en distintos lugares de trabajo, tan variados que no es posible abarcar todos los riesgos existentes en todos los sectores donde prestan sus servicios.

En este capítulo, identificaremos los riesgos más comunes con los que podemos encontrarnos en la realización de la limpieza de superficies sin entrar en diferenciar los distintos riesgos en función de que el centro de trabajo donde se desempeñe su labor sea una fábrica de conservas, una oficina o una granja.

Nos centraremos en los peligros inherentes a las actividades de limpieza y en cómo evitar que se generen daños en los profesionales que las realizan.

4.2. Derivados de las actividades propias de limpieza

a) Ocasionados por la utilización de los útiles de limpieza

Los trabajadores de la limpieza emplean una variada gama de útiles de limpieza, cuyo uso puede generar distintos riesgos para la salud. A continuación presentamos los más habituales:

EQUIPOS	RIESGOS
Mopas y cepillos	Extensiones excesivas, posturas forzadas, movimientos repetitivos. Resbalones y tropiezos durante el fregado húmedo. Inhalación de polvo al barrer.
Cubos	Resbalones y tropiezos. Manipulación manual de cargas pesadas.
Escaleras y escalerillas	Extensiones excesivas. Caídas desde una altura.
Gamuzas y plumeros	Extensiones excesivas, posturas forzadas, movimientos repetitivos. Inhalación de polvo al limpiarlo.
Fregadoras y abrillantadoras de discos rotativos	Extensiones excesivas, movimientos repetitivos, grandes esfuerzos. Vibraciones. Resbalones, cuando se utilizan para la limpieza húmeda. Tropiezos con los cables arrastrados por el suelo. Manipulación manual: los equipos pueden ser pesados y difíciles de transportar de un lugar a otro. Descargas eléctricas.

EQUIPOS	RIESGOS
Aspiradoras	Posturas forzadas, operaciones de empuje y arrastre, movimientos repetitivos. Tropiezos con los cables arrastrados por el suelo. Ruido. Inhalación de polvo al vaciar la aspiradora. Descargas eléctricas.
Limpiadoras de vapor	Posturas forzadas, movimientos repetitivos. Tropiezos con los cables arrastrados por el suelo. Quemaduras producidas por el vapor. Descargas eléctricas.

Uno de los riesgos asociados al trabajo del personal de limpieza son los trastornos musculoesqueléticos.

El esfuerzo físico y la intensidad con la que se llevan a cabo las actividades pueden generar la aparición de este tipo de dolencias. Un porcentaje muy elevado del trabajo de limpieza, se realiza a mano, es decir, sin ayuda de herramientas motorizadas. Ello conlleva estiramientos, movimientos repetitivos, posturas incómodas y esfuerzos excesivos, que en ocasiones contribuyen a la aparición de los trastornos musculoesqueléticos. Padecer este tipo de trastornos puede generar los siguientes efectos:

- Aparición de síntomas como, por ejemplo: picores y entumecimientos, dolores y malestar, espasmos musculares, inflamaciones y molestias.

- Incremento de las bajas por enfermedad.

- Quejas de dolores e incomodidad por parte de los trabajadores.

- Empleo de útiles de forma inadecuada para evitar los movimientos que ocasionan la dolencia.

- Negativa para realizar determinadas tareas.

b) Ocasionados por el uso de productos químicos

En las actividades de limpieza, son muchos los productos químicos utilizados que pueden causar algún tipo de daño sobre la persona que los manipula.

Estos productos pueden ser tóxicos, corrosivos, irritantes o inflamables, por tanto, los riesgos asociados al uso de estos productos son los siguientes:

- **Contacto directo** con productos: los productos de limpieza irritantes o corrosivos pueden provocar irritación o quemaduras en la piel o los ojos. Una mala manipulación de los productos puede provocar el contacto con los mismos ocasionando un perjuicio para los empleados de la limpieza. Estos efectos pueden aparecer inmediatamente o en un espacio de tiempo más largo en cuyo caso podría provocar alergias, eczemas, etc.

- **Inhalación** de productos tóxicos por vía respiratoria: los productos de limpieza pueden desprender vapores o gases irritantes que contaminen el ambiente de trabajo. Estos vapores pueden surgir por la mezcla de productos de limpieza, como, por ejemplo, la lejía y el amoniaco, que genera un gas llamado cloramina que es muy tóxico. Al igual pasa cuando mezclamos la lejía con el salfumán. Estos gases dañan la mucosa y el sistema respiratorio.

- La **ingestión** de productos tóxicos se da cuando se tragan por la boca. Aunque no es de los riesgos más usuales, los efectos pueden ser muy nocivos para la salud.

- **Incendio y explosión**: estos efectos se pueden dar cuando se utilizan productos inflamables o combustibles cerca de focos de calor o pulverizados sobre llamas.

4.3. Relacionados con el centro de trabajo

a) Ocasionados por las instalaciones del centro de trabajo

El personal de limpieza presta sus servicios en todo tipo de entidades, como, por ejemplo, edificios de oficinas, edificios de viviendas, industrias, centros comerciales, etc. Por ello, es necesario saber cómo afecta la disposición de las instalaciones a la seguridad de los empleados de limpieza.

- Con respecto a los suelos, pasillos y escaleras, deberán ser estables y sin irregularidades, así como con tratamiento antideslizante. Es importante extremar las precauciones en caso de superficies húmedas o enceradas.

  Las zonas donde existan obstáculos aumenta el riesgo de caídas.

  Las escaleras son igualmente una zona de mayor riesgo de accidentes.

- Ventanas: las ventanas deben estar preparadas para evitar que, cuando se abran, las hojas interrumpan el paso del personal. Por otra parte, se debe prestar mucha atención al proceso de limpieza de las mismas ya que puede suponer caídas.

- Las instalaciones eléctricas pueden producir accidentes muy graves. El riesgo aumenta cuando nos encontramos en condiciones de humedad.

- Las diferencias de temperatura influyen también en el bienestar de los trabajadores.

b) Ocasionados por las condiciones laborales

Las condiciones laborales suponen también un riesgo para la salud de las personas. Los horarios nocturnos, las jornadas excesivas o los ritmos de trabajo muy acelerados deben ser tenidos también en cuenta, ya que pueden generar estrés y fatiga mental y física.

4.4. Identificación y uso de los equipos de protección individual

Según se establece en el Artículo 2 del Real Decreto 773/1997, de 30 de mayo, se recoge que los equipos de protección individual (EPI) son «cualquier equipo destinado a ser llevado o sujetado por el trabajador para que le proteja de uno o varios riesgos que puedan amenazar su seguridad o su salud, así como cualquier complemento o accesorio destinado a tal fin».

Según el Anexo I de este Real Decreto, los equipos de protección individual que pueden ser necesarios en las actividades de la limpieza pública son:

1. Protectores de la cabeza	• Cascos de seguridad si el centro de trabajo lo exige. • Prendas de protección para la cabeza (gorros, gorras, sombreros, etc., de tejido, de tejido recubierto, etc.) para todas las tareas realizadas en exterior en días soleados.
2. Protectores del oído	Pueden ser de diversos tipos y deberán utilizarlos los trabajadores del sector que realicen tareas en zonas con elevados niveles de ruido
3. Protectores de los ojos y de la cara	Gafas y pantallas que deberán de utilizarse en las actividades con riesgo de proyección de partículas.
4. Protección de las vías respiratorias	Se deberá elegir el tipo adecuado según sea para emplearlas a la hora de trabajar con productos químicos o para protegerse en zonas de polvo.

5. Protectores de manos y brazos	En la mayoría de las actividades de este sector es necesario utilizar guantes de protección contra golpes y cortes y, en algunas, de protección contra productos químicos.
6. Calzado de seguridad o de protección	Con suela antideslizante al trabajar en zonas húmedas y con puntera reforzada si hay riesgo de caídas de objetos que puedan provocar aplastamiento en el pie.
7. Protectores de la piel	Cremas de protección y pomadas que se utilizarán al realizar tareas en el exterior durante los días soleados.
8. Protección total del cuerpo	Equipos de protección contra las caídas de altura y arneses: para mantener sujeto al trabajador durante las tareas de limpieza. Ropa y accesorios (brazaletes, guantes) de señalización (reflectantes, fluorescentes) se utilizarán para mejorar la visualización cuando haya riesgo de atropello.

EN ESTE CAPÍTULO HEMOS APRENDIDO A:

- Que en el trabajo de limpieza de superficies en edificios y locales existe una serie de riesgos que deben ser tenidos en cuenta para evitar accidentes.

- Que entre los riesgos derivados de las actividades propias de limpieza podemos encontrar los que están relacionados con los utensilios que se utilizan en esta actividad o por el uso de productos químicos.

- Que, entre los riesgos asociados al centro de trabajo, debemos tener en cuenta los que tienen que ver con las instalaciones donde trabajamos y los que están en relación con las condiciones laborales.

- A reconocer los equipos de protección individual, sabiendo en qué casos debemos utilizarlos.

CASO PRÁCTICO

SITUACIÓN:

María es trabajadora del servicio de limpieza de una oficina. Las actividades del barrido y fregado implican movimientos repetitivos, lo que le ha generado dolor de espalda. En alguna ocasión ha sufrido caídas al resbalar porque el suelo estaba mojado.

Por otra parte, suele utilizar amoniaco y lejía, y no hace mucho mezcló ambos productos sin querer. El vapor que generó, le provocó dolor de cabeza.

María tiene horario de trabajo nocturno, lo que a veces le genera estrés y fatiga, ya que durante el día no puede descansar el tiempo que necesita.

Las instalaciones del centro de trabajo disponen de una escalera para limpiar las ventanas de las oficinas, que tiene algunos peldaños desgastados y no cuentan con una barandilla estable.

ANÁLISIS:

Indica qué tipo de riesgos están presentes en esta situación y qué medidas preventivas utilizarías para evitar que pudiera suceder un accidente laboral.

ACTIVIDADES

EJERCICIOS DE REPASO Y AUTOEVALUACIÓN

4.1. ¿Cuál es uno de los riesgos asociados al uso de mopas y cepillos?

a) Lesiones en los ojos.

b) Resbalones y tropiezos durante el fregado húmedo.

c) Exposición al calor.

d) Daños musculares por falta de calor.

4.2. ¿Qué tipo de trastornos son comunes en los trabajadores de limpieza debido a posturas forzadas y movimientos repetitivos?

a) Trastornos musculoesqueléticos.

b) Trastornos respiratorios.

c) Trastornos de la piel.

d) Trastornos digestivos.

4.3. ¿Qué puede ocasionar el contacto directo con productos de limpieza irritantes o corrosivos?

a) Calambres musculares.

b) Irritación o quemaduras en la piel o los ojos.

c) Alergias respiratorias.

d) Deshidratación.

4.4. ¿Cuál es uno de los riesgos más comunes cuando se utilizan aspiradoras?

a) Exposición a la electricidad.

b) Tropiezos con los cables arrastrados por el suelo.

c) Exposición al ruido.

d) Quemaduras por calor.

4.5. ¿Cuál es el riesgo asociado a la manipulación de fregadoras y abrillantadoras de discos rotativos?

a) Vibraciones.

b) Irritación en la piel.

c) Fatiga visual.

d) Exposición a radiación.

4.6. ¿Qué puede suceder si se mezclan productos de limpieza como la lejía y el amoniaco?

a) Se genera cloramina, un gas muy tóxico.

b) Se genera un vapor que mejora el proceso de limpieza.

c) Se hace más efectivo el poder limpiador.

d) No ocurre ninguna reacción.

4.7. ¿Qué tipo de riesgos puede presentar el entorno de trabajo, como los suelos y escaleras, para los trabajadores de limpieza?

a) Irritación en la piel por contacto con superficies.

b) Caídas debido a superficies inestables o resbaladizas.

c) Exposición al ruido constante.

d) Riesgo de incendios.

4.8. Explica brevemente los riesgos relacionados con las instalaciones eléctricas en el ámbito de la limpieza.

4.9. ¿Cuáles son los principales riesgos asociados al uso de productos químicos en las actividades de limpieza?

4.10. ¿Qué equipos de protección individual (EPI) son necesarios para la protección de los trabajadores de limpieza?